Cynnwys

Ewch ar-lein, www.eisteddfod.cymru, am ffurflenni cais, manylion cyhoeddwyr, taliadau cystadlaethau, gwybodaeth hawlfraint a llawer mwy. Defnyddiwch ein porth cystadlu i gymryd rhan ym mhob cystadleuaeth ar wahân i Wobr Goffa Daniel Owen a'r Fedal Ryddiaith. Bydd y porth yn agor yng ngaeaf 2022

MANYLION CYSYLLTU
Tocynnau: **0845 4090 800**
Gwybodaeth: **0845 4090 900**
Ebost: **cystadlu@eisteddfod.cymru**

www.eisteddfod.cymru

DYDDIADAU CAU
Cyfansoddi: **1 Ebrill 2023** (oni nodir yn wahanol)
Llwyfan: **1 Mai 2023** (oni nodir yn wahanol)

This is a Welsh only version of the List of Competitions. A bilingual version will be published online at www.eisteddfod.wales

EISTEDDFOD

CROESO

Bydd bron i bedair blynedd wedi mynd heibio ers bwrlwm y cyfarfod cyhoeddus cyntaf hwnnw yn Nhachwedd 2019 yn Ysgol Glan y Môr, Pwllheli, pan fyddwn yn dod ynghyd o'r diwedd yn haf 2023.

Mae ein hardal wedi aros yn hir i gynnal yr Eisteddfod - 36 o flynyddoedd ers Eisteddfod Bro Madog, 48 mlynedd ers Bro Dwyfor yng Nghricieth, a bron i 70 mlynedd ers Eisteddfod Pwllheli a'r Cylch 'nôl yn 1955 – ac o'r diwedd dyma gyfle i groesawu Cymru gyfan i diroedd hyfryd Boduan. Pwy fyddai wedi credu, wrth inni ddatgan ein hawydd i gynnal ein Prifwyl mor llawen yn 2019, fod y byd ar fin gweld y fath heriau?

Arweiniodd y brwdfrydedd dechreuol yna at waith arbennig, ac rwy'n ddiolchgar i aelodau ein pwyllgorau testun, a gwblhaodd eu gwaith yn drylwyr ac amserol er gwaethaf y cloeon mawr a rhwystrau'r ddwy flynedd goll.

Mae ffrwyth eu gwaith o fewn y cloriau yma, ac rwy'n mawr obeithio y bydd y cynnwys yn codi awch cystadlu ar bawb sy'n pori drwy'r tudalennau hyn.

Dyma gyfle i ddymuno pob lwc i gystadleuwyr profiadol a'r rhai sydd yn mentro am y tro cyntaf. Gyda hyder newydd a brwdfrydedd heintus, rwy'n siŵr y bydd digon yn mentro o'r naill griw a'r llall.

Bellach, mae'r pwyllgorau lleol wedi ailafael mewn trefnu digwyddiadau a gweithgareddau a fydd yn gynhwysol ac yn plesio, beth bynnag eich diddordeb. Tra bo cyfarfodydd rhithiol a chyfathrebu drwy sgrîn yn fuddiol a phwrpasol, gobeithio y daw y sgwrsio a phrofiad wyneb yn wyneb yn ôl yn ddewis cyntaf i bawb ohonom wrth inni fwynhau bwrlwm y misoedd yma sy'n arwain at yr Eisteddfod ym Moduan.

Beth bynnag fydd yn digwydd yn y byd 'n cwmpas, bydd wythnos o wledd ddiwylliannol o'n blaenau, ac, o gofio'r yn a gynhyrchir yn Llŷn ac Eifionydd, awn wledd o ddanteithion hefyd!

Dewch i Foduan, dathlwn ein traddodiadau, ein efodau a'n hanes; ac, ar yr un pryd, ymfalchïwn n egni, gwreiddioldeb a ffyniant ein diwylliant. Dewch atom un ac oll i wledda ar gaeau Bodfel.

Michael Strain
Cadeirydd y Pwyllgor Gwaith

EISTEDDFOD

CYWYDD CROESO

CYWYDD CROESO
EISTEDDFOD GENEDLAETHOL
LLŶN AC EIFIONYDD 2023

Er mai hir fu'r ymaros,
ein gwlad wâr sydd am gael dos
o fedd-dod Eisteddfodol!
Dewch i Lŷn, a dewch â'ch lol!
Cawn gasglu Cymru mewn cae
a'i charu drwy gyd-chwarae.

Mae 'na gân i'w chorlannu,
a lle i bawb yma lle bu
duwiau gynt yn yfed gwin
lliw awyr y gorllewin.
Creu adra i bob crwydryn
a wna twrw llanw Llŷn.

Dewch i'r heulwen bob enaid
i fwynhau yn iaith fy nhaid.
Iaith fyw all Fflat Huw Puwio
efo'r ŵyn hyd gaeau'r fro.
Iaith traciau bandiau Maes B
a'r cerrig yn Nhre'r Ceiri.

Os hyll yw 'Cheshire-on-Sea'
i'r ifanc heb gartrefi,
mynnwn hafan haeddiannol
i'r rhai sydd yma ar ôl.
Eu hawl yw gŵyl hirfelyn
a lliw haul ar gaeau Llŷn.

Be' 'di dewis Boduan
ond deud bod ynom hen dân
yn ein mêr? Tân a erys
fel meini a llwyni llus
y bryniau; all neb brynu
ein henwau na'r creigiau cry'.

Mae Llŷn yn estyn, wastad,
ei braich i'r sawl fyn barhad.
Dewch yn haid, codwch yn hon
weriniaeth pererinion.
Er oeri'r tŷ, procio'r tân
ydi dewis Boduan.

Gruffudd Owen *(Gruff Sol)*

BANDIAU PRES

AMODAU ARBENNIG

1. Bydd pob band yn defnyddio'u Graddau Cenedlaethol a rhaid iddynt fod wedi cofrestru gyda chofrestrfa Brass Band Players (BBP).

2. Caniateir uchafswm o 25 chwaraewr pres yn ogystal ag offerynwyr taro yn ôl yr angen yn y cystadlaethau hyn.

3. Trefnir y gystadleuaeth yn unol â'r Rheolau Cystadlu Cenedlaethol (drwy garedigrwydd y Gofrestrfa):

   • Rheol 17 (chwaraewr nad yw'n gallu cystadlu)
   • Rheol 18 (cofrestru)

4. Rhaid i bob band wisgo gwisg priodol os nad oes caniatâd wedi'i roi gan Reolwr y Gystadleuaeth ymlaen llaw.

5. Gall bandiau o Adran 2 | 3 gystadlu yn yr Adran Bencampwriaeth | Adran 1 cyn belled â'u bod hefyd yn cystadlu yn eu hadran eu hunain ac yn perfformio rhaglen wahanol yn y ddwy gystadleuaeth.
   Gall bandiau o Adran 4 gystadlu yn Adran 2 | 3 cyn belled â'u bod hefyd yn cystadlu yn eu hadran eu hunain ac yn perfformio rhaglen wahanol yn y ddwy gystadleuaeth.

6. Bydd y cystadleuwyr yn y Bencampwriaeth | Adran 1 yn perfformio rhaglen o gerddoriaeth o'u dewis eu hunain heb fod yn hwy nag 20 munud, a chaniateir 15 munud i'r bandiau yn Adran 2 | 3, 4 ac Ieuenctid. Rhaid i bob rhaglen gynnwys o leiaf dri darn, a chaniateir defnyddio darnau o gerddoriaeth sydd ar gael yn gyffredinol i bob band.

7. Bydd bandiau'n cael eu cosbi os ydynt yn mynd dros yr amser. Petai cystadleuaeth yn gyfartal ar ôl ystyried pwyntiau cosb, dyfernir y wobr i'r band a dderbyniodd y cyfanswm mwyaf o bwyntiau gan y beirniad.

8. Bydd y beirniad yn eistedd wrth fwrdd y beirniaid yng nghorff y Pafiliwn.

9. **Trosglwyddo dros dro – un diwrnod yn unig.**

   (i) Ni ellir defnyddio trosglwyddiad dros dro ar gyfer mwy na phum chwaraewr (gan gynnwys offerynwyr taro).
   (ii) Gall chwaraewr sydd ar drosglwyddiad dros dro chwarae mewn hyd at dri band, sef ei f/band cofrestredig a dau fand arall.
   Noder: Os nad yw band cofrestredig chwaraewr sydd ar drosglwyddiad yn cymryd rhan yn y gystadleuaeth, gall y chwaraewr berfformio gyda dau fand.
   (iii) Rhaid gwneud cais am drosglwyddiad dros dro ar y ffurflen gydnabyddedig, wedi'i llofnodi gan swyddogion y ddau fand neu drwy lythyr at Reolwr y Gystadleuaeth, ac mae'n rhaid i'r chwaraewr dros dro gyflwyno'i g/cherdyn cofrestru ar ddiwrnod y gystadleuaeth.
   (iv) Gellir gwneud cais am drosglwyddiad dros dro hyd at ac yn cynnwys diwrnod y gystadleuaeth.
   (v) Gellir gwneud cais am drosglwyddo chwaraewr dros dro sy'n gymwys i chwarae yn yr un Adran neu fandiau o Raddfa Genedlaethol is. Gall bandiau o Adran 4 drosglwyddo hyd at bum chwaraewr o fandiau o'r 3edd neu'r 4edd Adran.
   (vi) Ni all chwaraewr a drosglwyddir dros dro chwarae unawd ond gall chwarae mewn deuawd, triawd neu bedwarawd.

10. Gellir disgyblu unrhyw fand nad yw'n barod i chwarae o fewn pum munud o'r amser a nodir yn nhrefn y rhaglen neu o'r amser pan fydd y band blaenorol yn gadael y llwyfan.

11. **Disgyblaeth ac Apeliadau**

    Gellir cymryd camau disgyblu os digwydd unrhyw un o'r canlynol:

    (i) Torri'r rheolau mewn unrhyw ffordd
    (ii) Methiant i gydymffurfio â chyfarwyddiadau'r gystadleuaeth
    (iii) Unrhyw weithred a all effeithio ar enw da'r gystadleuaeth yn ôl Rheolwr y Gystadleuaeth.

    Os dyfernir chwaraewr, swyddog neu fand yn euog o un o'r uchod, gellir eu cosbi drwy:

    (i) Eu diarddel o'r gystadleuaeth
    (ii) Fforffedu unrhyw dlysau a / neu ddyfarniadau
    (iii) Eu gwahardd rhag derbyn gwahoddiad i gystadlu yn y dyfodol.
    Bydd gan unrhyw un sydd â chŵyn neu sydd wedi'i ddisgyblu'r hawl i apelio.

12. **Cwynion a Gwrthwynebiadau**

    Ni ellir gwrthwynebu neu gwyno yn erbyn unrhyw ddyfarniad yn gyhoeddus yn yr Eisteddfod, ond gellir cyflwyno cwyn ysgrifenedig i'r Trefnydd o fewn awr i'r dyfarniad terfynol gydag enw a chyfeiriad y sawl sy'n cwyno. Bydd y wobr yn cael ei hatal tan y bydd y mater wedi'i setlo.

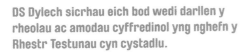

DS Dylech sicrhau eich bod wedi darllen y rheolau ac amodau cyffredinol yng nghefn y Rhestr Testunau cyn cystadlu.

1.
BANDIAU PRES PENCAMPWRIAETH | DOSBARTH 1

Hunanddewisiad heb fod yn hwy nag 20 munud, a chyda lleiafswm o dair eitem

Gwobrau:
1. Cwpan Tiriogaeth Sir y Fflint i'w ddal am flwyddyn a £750
2. £500 (Rheilffordd Llyn Padarn - i ddathlu hanner canrif o wasanaeth i'n teithwyr)
3. £300 (Seindorf Arian Deiniolen)

2.
BANDIAU PRES DOSBARTH 2 | 3

Hunanddewisiad heb fod yn hwy na 15 munud, a chyda lleiafswm o dair eitem

Gwobrau:
1. Cwpan Ivor Jarvis i'w ddal am flwyddyn a £500
2. £300
3. £200 (Alton Murphy, Pwllheli)

3.
BANDIAU PRES DOSBARTH 4

Hunanddewisiad heb fod yn hwy na 15 munud, a chyda lleiafswm o dair eitem

Gwobrau:
1. Cwpan Ivor Jarvis i'w ddal am flwyddyn a £500
2. £300
3. £200

4.
BANDIAU PRES IEUENCTID

Hunanddewisiad heb fod yn hwy na 15 munud, a chyda lleiafswm o dair eitem

Gwobrau:
1. Her-gwpan Ivor Jarvis i'w ddal am flwyddyn a £500
2. £300
3. £200

Mae'r gystadleuaeth hon yn agored i bob band ieuenctid yng Nghymru. Sylwer y bydd hefyd yn gweithredu fel y mecanwaith ar gyfer dewis posibl (lle bo'n briodol) ar gyfer cystadlu ym Mhencampwriaethau Bandiau Pres Ieuenctid Ewrop (EYBBC). Bydd y bandiau sy'n cystadlu yn yr adran hon yn gymwys i gael eu hystyried i gynrychioli Cymru ym Mhalanga, Lithuania yn EYBBC ym mis Mai 2024.

Beirniad: Gary Davies

AMODAU ARBENNIG

Noder: 1 Mawrth 2023 yw dyddiad cau'r Arddangosfa Agored.

1. **Pwy sy'n cael cystadlu**

   Mae'r arddangosfa'n agored i unrhyw un:
   • a anwyd yng Nghymru, neu
   • y ganwyd un o'i r/rhieni yng Nghymru, neu
   • sy'n siarad neu ysgrifennu Cymraeg, neu
   • sydd wedi byw neu weithio yng Nghymru am y tair blynedd cyn 31 Awst 2023

2. **Ffurflenni cais a thâl**

   £20.00 yw'r tâl cystadlu (£10.00 Ysgoloriaeth Artist Ifanc). Gwahoddir ymgeiswyr i gyflwyno hyd at chwe delwedd Jpeg 300 dpi, neu ddolen i waith fideo/ berfformio drwy'r system gofrestru ar wefan yr Eisteddfod. Mae hi'n bwysig eich bod yn cyflwyno delweddau clir o'ch gwaith, gan sicrhau fod y gwaith ar gael o 1 Mawrth – 14 Awst 2023. Er mwyn cystadlu, rhaid i'r gwaith fod yn waith a gwblhawyd ers 31 Awst 2021, neu yn waith newydd wedi'i ddylunio'n arbennig ar gyfer yr Ŵyl.

3. **Datganiad Artist**

   Rhaid cynnwys Datganiad Artist 200-300 gair ynglŷn â'r gwaith a gyflwynir, h.y. nid bywgraffiad artist, ond datganiad am y gwaith.

4. **Rheol Iaith**

   Rhaid i unrhyw eiriau gwreiddiol yn y gwaith celf (yn cynnwys sain a fideo) fod yn Gymraeg. Ond gellir cynnwys geiriau mewn ieithoedd eraill os ydynt yn rhan o wrthrych a ddarlunnir neu a ymgorfforir, neu yn ddyfyniadau, cyn belled nad ydynt yn rhan sylweddol o'r cyfanwaith.

5. **Hawlfraint**

   Bydd hawlfraint y gweithiau yn eiddo i'r ymgeisydd ond bydd gan yr Eisteddfod yr hawl i atgynhyrchu unrhyw waith mewn print neu ar-lein er mwyn cyhoeddi lluniau o'r arddangosfa ac at bwrpas cyhoeddusrwydd yr Eisteddfod.

6. **Gwerthiant**

   Dylid nodi pris unrhyw waith sydd ar werth wrth gofrestru. Codir comisiwn o 40% (gan gynnwys TAW) ar unrhyw waith a werthir yn ystod yr Eisteddfod.

7. Rhaid i'r gwaith a gyflwynir fod yn waith dilys yr ymgeisydd, ac ni ddylai fod wedi'i arddangos mewn unrhyw Eisteddfod Genedlaethol flaenorol.

8. Bydd dyfarniad y detholwyr yn derfynol.

9. **Oedran**

   Rhaid i'r cystadleuydd fod o fewn cwmpas oedran y gystadleuaeth ar 31 Awst 2023.

10. Bydd disgwyl i ymgeisydd llwyddiannus yr Ysgoloriaeth Artist Ifanc brofi i'r Eisteddfod bod yr arian yn cael ei ddefnyddio i hyrwyddo gyrfa. Gweler cymal 21 yn Rheolau ac Amodau Cyffredinol yr Eisteddfod.

11. Bydd y gwaith a ddewisir yn cael ei arddangos yn Y Lle Celf dros gyfnod yr Eisteddfod, ond os yw gofynion y gwaith yn mynnu, gall hyn ddigwydd y tu hwnt i'r adeilad ei hun.

    Cysylltwch ag yllecelf@eisteddfod.cymru am unrhyw gymorth.

12. **Ysgoloriaethau**

    Ni ellir ennill yr un ysgoloriaeth fwy nag unwaith. Mae'r arian a gynigir ym mhob ysgoloriaeth i'w ddefnyddio i hyrwyddo gyrfa'r unigolyn, a disgwylir i enillwyr brofi i'r Eisteddfod bod yr arian wedi'i wario ar hyn. I hawlio'r ysgoloriaeth mae'n rhaid cysylltu â Swyddfa'r Eisteddfod cyn diwedd mis Medi blwyddyn yr Eisteddfod gyfredol.

DS Dylech sicrhau eich bod wedi darllen y Rheolau ac Amodau Cyffredinol yng nghefn y Rhestr Testunau cyn cystadlu.

CELFYDDYD GAIN
Y FEDAL AUR AM GELFYDDYD GAIN

Gwobr: Medal Aur am Gelfyddyd Gain (replica) a £5,000 i'w rannu yn ôl doethineb y detholwyr.

CREFFT A DYLUNIO
Y FEDAL AUR AM GREFFT A DYLUNIO

Gwobr: Medal Aur am Grefft a Dylunio (replica) a £5,000 (£2,500 Arglwydd ac Arglwyddes Abersoch, Mervyn Davies) i'w rannu yn ôl doethineb y detholwyr

YSGOLORIAETH ARTIST IFANC

Ysgoloriaeth: £1,500 (John B Jones, Llanbedrog, Cwmni PPM Technology Ltd)
Gweler Amod Arbennig rhif 12

Dyfernir yr ysgoloriaeth i'r ymgeisydd mwyaf addawol er mwyn ei (g)alluogi i ddilyn cwrs mewn ysgol neu goleg celf cydnabyddedig neu fynychu dosbarthiadau meistr. Bydd yr ysgoloriaeth yn agored i'r sawl sy'n dal i fod o dan 25 oed ar 31 Awst 2023. Disgwylir i'r ymgeiswyr sy'n cyrraedd y rhestr fer baratoi portffolio a chyflwyno cais yn esbonio sut y bwriedir defnyddio'r ysgoloriaeth. Ystyrir dangos y gwaith a gyflwynwyd yn Y Lle Celf.

Yn ogystal, ystyrir cynnig gofod i enillydd yr ysgoloriaeth yn Y Lle Celf yn Eisteddfod 2024.

Detholwyr: Steffan Jones-Hughes (Curadur), Elfyn Lewis (Celfyddydau Cain), Junko Mori (Crefft)

PENSAERNÏAETH

Detholwyr: Phillip Henshaw, Elinor Gray Williams, Dewi Jones

Y FEDAL AUR AM BENSAERNÏAETH

Gwobr: Medal Goffa Alwyn Lloyd (replica), gweithredir ar y cyd â Chymdeithas Frenhinol Penseiri yng Nghymru

PLAC TEILYNGDOD

Cyflwynir plac teilyngdod i brosiect adnewyddu neu newydd yng Nghymru sydd o ansawdd a safon dylunio uchel, ac nad yw'n costio mwy na £750,000.

YSGOLORIAETH BENSAERNÏAETH

Cefnogir gan Gomisiwn Dylunio Cymru
Agored i unigolion o dan 25 oed

Ysgoloriaeth: £1,500 (CK Tools)
Gweler Amod Arbennig rhif 12

PWRCASIAD AMGUEDDFA CYMRU

Prynir gwaith gan artist sy'n arddangos yn yr Arddangosfa Agored gan Amgueddfa Cymru fel rhan o'i hymrwymiad at sicrhau bod celfyddyd gyfoes o Gymru yn parhau i gael ei chynrychioli'n gryf yn y casgliad cenedlaethol.

GWOBR IFOR DAVIES

Gwobr: £600 (Alun Ffred Jones)

Dyfernir am y gwaith yn yr Arddangosfa Agored sy'n cyfleu ysbryd y frwydr dros iaith, diwylliant a gwleidyddiaeth Cymru.

GWOBR TONY GOBLE

Gwobr: £500 (Er cof am Tony Goble)

Rhoddir am waith gan artist sy'n arddangos yn yr Arddangosfa Agored am y tro cyntaf, ac sy'n cyfleu ysbryd barddonol y genedl Geltaidd hon.

GWOBR JOSEF HERMAN – DEWIS Y BOBL

Gwobr: £500 (Sefydliad Celf Josef Herman)

Dyfernir i'r darn mwyaf poblogaidd o waith, neu gasgliad o waith, yn yr Arddangosfa Agored. Bydd cyfle i'r cyhoedd bleidleisio yn ystod eu ymweliad â'r Lle Celf.

CYFRANIAD CYFFREDINOL AT WAITH Y LLE CELF

£200 (Cwmni Teithio Pwllheli)

CERDD DANT

AMODAU ARBENNIG

1. Mae cystadlaethau'r Adran Cerdd Dant yn dilyn rheolau Cymdeithas Cerdd Dant Cymru, a cheir copi o'r rheolau hyn ar wefan y Gymdeithas, www.cerdd-dant.org

2. Rhaid derbyn telynorion swyddogol yr Eisteddfod yn yr holl gystadlaethau, a bydd dwy delyn yn cyfeilio yng nghystadlaethau'r Côr a'r Partïon Cerdd Dant. Bydd yr Eisteddfod yn ceisio sicrhau bod yr un telynorion yn cyfeilio yn y rhagbrawf / rhagwrandawiad a'r prawf terfynol.

3. **Oedran**

   Rhaid i'r cystadleuydd fod o fewn cwmpas oedran y gystadleuaeth ar 31 Awst 2023.

4. **Copïau**

   Mae hi'n anghyfreithlon gwneud copïau ychwanegol eich hun o gerddoriaeth, barddoniaeth neu unrhyw waith sydd wedi'i gyhoeddi.

5. **Rhagwrandawiad**

   Ni fydd rhagwrandawiad yn cael ei drefnu fel arfer os na fydd mwy na 6 Chôr / Parti yn cystadlu. Er hyn, bydd gan y Trefnydd yr hawl i alw rhagwrandawiad cyn y prawf terfynol yn ôl yr angen mewn eithriadau. Bydd gan y beirniaid yr hawl i atal Côr/Parti rhag mynd i'r llwyfan.

6. Ni chaiff unrhyw un sydd yn ddisgybl preifat i'r beirniad neu'n berthynas agos iddo/iddi dderbyn gosodiad na hyfforddiant mewn unrhyw gystadleuaeth yn yr Adran hon.

5.
CÔR CERDD DANT DROS 20 MEWN NIFER

(a) 'Golau Tachwedd', Myrddin ap Dafydd
    [Swyddfa'r Eisteddfod]
    Cainc: 'Cilmeri', Nan Jones (12122),
    Cennin Aur [CCDC]

Gwobrau:
1. Cwpan Syr Harry Brittain, er cof am Delynores y G'lomen Wen, i'w ddal am flwyddyn a £500 (Gan y teulu er cof am Mrs Joan Strain, Abersoch)
2. £300 (Aelodau Capel Ceidio, Boduan)
3. £200 (Cymdeithas y Chwiorydd, Capel Penlan, Pwllheli)
   Cyflwynir Medal Goffa Noel John i hyfforddwr y côr buddugol

6.
PARTI CERDD DANT HYD AT 20 MEWN NIFER

'Tryweryn', Gerallt Lloyd Owen, Cilmeri a cherddi eraill [Gwasg Gwynedd]
Cainc: 'Llwynhudol', Nan Jones, (122122), Bro Mebyd [Gwasg Gwynedd]

Gwobrau:
1. Cwpan Coffa Llyfni Huws i'w ddal am flwyddyn a £300 (Alun a Tegwen Llwyd er cof am DG Jones [Selyf])
2. £200
3. £100
   (£300 Gerallt a Marian Wyn Jones er cof am DG Jones [Selyf])

7.
PARTI CERDD DANT O DAN 25 OED HYD AT 20 MEWN NIFER

Detholiad penodol o 'Gwawr', Meirion MacIntyre Huws [Swyddfa'r Eisteddfod]
Cainc: 'Cae Steel', Owain Siôn, (1122), Ceinciau Llwyndyrus [Cyhoeddiadau Sain]

Gwobrau:
1. Cwpan Môn i'w ddal am flwyddyn a £150 (Owain Siôn, Caerdydd)
2. £100
3. £50
   (£150 Er cof am Tad-cu – Gwyn Thomas, Mynyddygarreg, Sir Gaerfyrddin – oddi wrth Gwenllian, Heledd, Tom, Gruff, Alys a Ned)

8.
TRIAWD NEU BEDWARAWD CERDD DANT

'Hen Wlad Llŷn, Dafydd Iwan [Swyddfa'r Eisteddfod]
Cainc: 'Rhandir', Mair Carrington Roberts, (122),
Ceinciau'r Ffin [Curiad]

Gwobrau:
1. Tlws er cof am DG Jones [Selyf] i'w ddal am
   flwyddyn (Rhoddedig gan Gôr Meibion Dwyfor)
   a £150 (Er cof am Tad-cu – Gwyn Thomas,
   Mynyddygarreg, Sir Gaerfyrddin – oddi wrth
   Gwenllian, Heledd, Tom, Gruff, Alys a Ned)
2. £100
3. £50
   (£150 Gan y teulu er cof am Dewi Roberts, Plas
   ym Mhowys, Treuddyn, Sir y Fflint)

9.
DEUAWD CERDD DANT 21 OED A THROSODD

'Dwy Galon', Myrddin ap Dafydd [Swyddfa'r
Eisteddfod]
Cainc: 'Erwenni', Einir Wyn Jones, (1122),
Ceinciau Penyberth [Urdd Gobaith Cymru]

Gwobrau:
1. £150 (Iestyn a Meinir, Mynachdy Bach, Llangybi a
   Siân Eirian, Mali Fflur a Deio Llŷr, Llandwrog)
2. £100 (Teulu Llwyn, Abersoch)
3. £50 (Ann Pierce Jones, Hendre Cennin,
   Llanystumdwy)

10.
DEUAWD CERDD DANT O DAN 21 OED

'Hwyr o Haf', Trebor E Roberts, Glas y Dorlan a
mymryn mwy
Cainc: 'Ael y Bryn', Owain Siôn, (1122),
Ceinciau Llwyndyrus [Cyhoeddiadau Sain]

Gwobrau:
1. £100 (Ann Jones, Pwllheli)
2. £60
3. £40
   (£100 Elain Wyn, Penrhos)

11.
GWOBR ALED LLOYD DAVIES

Unawd Cerdd Dant 21 oed a throsodd
a) 'Llywelyn', Eifion Lloyd Jones [Swyddfa'r
   Eisteddfod]
   Cainc: 'Rhyd-y-fen, Eleri Owen, (112), 'Na Joio! A
   cheinciau eraill [Urdd Gobaith Cymru]
b) 'Cynefin', Meredydd Evans [Swyddfa'r Eisteddfod]
   Cainc: 'Creiglan', Gwenan Gibbard, (112)
   [Swyddfa'r Eisteddfod (Hawlfraint Cyhoeddiadau
   Sain)]

Gwobr:
1. Tlws Telynores Dwyryd i'w ddal am flwyddyn,
   Medal Aled Lloyd Davies (I gofio'n annwyl am
   Margaret Edwards) a £150 (Richard a Marian
   Williams, Hen Felin, Llwyndyrus)
2. £100 (Ann a Huw Geraint Williams a'r teulu er cof
   am Elisabeth Tudor Thomas)
3. £50 (Gwilym ac Ann Griffiths, Tudweiliog,
   Pwllheli)

12.
UNAWD CERDD DANT 16 AC O DAN 21 OED

'Colli Iaith', Harri Webb, 100 o ganeuon pop [Y Lolfa]
Cainc: 'Anelog 2', Einir Wyn Jones, (12212)
[Swyddfa'r Eisteddfod (Hawlfraint Cyhoeddiadau Sain)]
NID o Ceinciau Penrhos

Gwobrau:
1. Tlws Plas Maenan i'w ddal am flwyddyn a £75
   (Eluned Williams, Talsarnau, Gwynedd)
2. £50
3. £25
   (£75 Merched y Wawr Porthmadog)

Gwobr Goffa Haf J Morris (un o sylfaenwyr y Cwrs
Gosod) yn rhoddedig gan Gymdeithas Cerdd Dant
Cymru i'r enillydd fynychu'r Cwrs Gosod blynyddol er
mwyn annog diddordeb a meithrin y grefft ymysg pobl
ifanc.

13.
UNAWD CERDD DANT 12 AC O DAN 16 OED

'Y Crëyr Glas', Alan Llwyd, Edrych trwy wydrau lledrith
[Swyddfa'r Eisteddfod (Gwasg Christopher Davies)]
Cainc: 'Glan y Môr', Einir Wyn Jones (1212), Ceinciau
Penrhos [Cyhoeddiadau Sain]

Gwobrau:
1. Cwpan Caradog Pugh i'w ddal am flwyddyn a £60
   (Gwyn ac Einir Wyn Jones, Penrhos)
2. £30
3. £20
   (£50 Anest a Llŷr Eirug, Aberystwyth)

14.
UNAWD CERDD DANT O DAN 12 OED

'Steddfod y Lloeau', Iestyn Tyne [Swyddfa'r
Eisteddfod]
Cainc: 'Siwan', Mona Meirion, (122), Tant i'r Plant
[Gwasg Gwynedd]

Gwobrau:
1. £50
2. £25 (£75 Gweno Parry, Caernarfon [Tegfan,
   Llanaelhaearn gynt] er cof am ei phriod, Emyr a'i
   mab Elfyn)
3. £15 (Gweno Parry, Caernarfon [Tegfan,
   Llanaelhaearn gynt] er cof am ei rhieni, Rolant ac
   Eunice Jones)

CYSTADLEUAETH YN Y PAGODA

15.
CYSTADLEUAETH CYFEILIO

(i delynorion sydd heb gyfeilio mewn gwyliau
cenedlaethol)
Disgwylir i'r cystadleuwyr gyfeilio i ddatgeinydd Cerdd
Dant ac i fod yn barod i drawsgyweirio'r ceinciau
gosodedig, hyd at dôn yn uwch a thôn yn is. Anfonir
copi o'r geiriau ar ôl dyddiad cau'r gystadleuaeth ar
Fai 1af.
Ceinciau:
'Gallt Derw', Gilmor Griffiths, Gilmora [Y Lolfa]
a 'Pen Dinas', Elsbeth M Jones, Tannau Teifi
[Elsbeth M Jones]

Gwobrau:
1. £100 (Brian a Janet Wyn Hughes, Nefyn)
2. £60
3. £40
    (£100 Alwena Roberts, Pwllheli)
Bydd yr enillydd yn cael gwahoddiad i fynychu'r Cwrs Cyfeilio blynyddol dan nawdd Cymdeithas Cerdd Dant Cymru.

Beirniaid: Dafydd Huw a'r datgeinydd Mali Fflur

CYFANSODDI

GOSODIAD O DAN 25 OED

16.
GOSODIAD DEULAIS NEU FWY AR GYFER:
'Eifionydd', R Williams Parry, *Cerddi'r Gaeaf [Gwasg Gee]*
Cainc: 'Wernol', *Gwenan Dwyfor Owen, (1122), Ceinciau Penyberth [Urdd Gobaith Cymru]*
Gobeithir perfformio'r gosodiad buddugol yn ystod wythnos yr Eisteddfod.

Rhaid cyflwyno'r gwaith yn ddigidol drwy'r system gofrestru ar y wefan.

Gwobr: £200 (Gerallt a Marian Jones Wyn Jones [Er cof am D G Jones [Selyf] a Vera Jones]) i'w rannu yn ôl doethineb y beirniaid

Beirniad: Owain Siôn

Bydd trawsgyweiriadau o'r ceinciau ar gael yn rhad ac am ddim ar wefan Cymdeithas Cerdd Dant Cymru www.cerdd-dant.org

Beirniaid: Ann Fox, Iwan Morgan, Eleri Roberts, Owain Siôn

Telynorion: Gwenan Gibbard, Dafydd Huw, Dylan Cernyw, Elain Wyn

[122]. PERFFORMIAD GWREIDDIOL
Beth am gynnau tân …' **neu** 'Meini'

Rhaid cynnwys o leiaf dair elfen o blith y pump a nodir, sef alawon gwerin traddodiadol, cerdd dant, dawns, drama a llefaru i greu perfformiad dychmygus. Ni ddylai'r cyflwyniad fod yn hwy na 10 munud, yn cynnwys paratoi a chlirio'r llwyfan. Caniateir defnyddio symudiadau, gwisgoedd a mân offer llwyfan. Dylid uwchlwytho braslun o'r sgript erbyn diwedd Mehefin. (Gwelir y gystadleuaeth hefyd yn adrannau Llefaru, Dawns, Gwerin a Theatr)

Gwobrau:
1. Tlws Parti'r Ffynnon i'w ddal am flwyddyn a £350 (Teulu Tegfan, Llanbedrog)
2. £250 (Gŵyl Pen Draw'r Byd, Aberdaron)
3. £150 (Er cof am Alun Bontddu)

CERDDORIAETH

AMODAU ARBENNIG

1. **Pwy sy'n cael cystadlu**

    (i) Mae cystadlaethau llwyfan ym maes cerddoriaeth yn agored i unrhyw un sy'n cydymffurfio â Rheol Gyffredinol Rhif 12. Nid yw'r cyfyngiad hwn yn berthnasol i arweinyddion nac athrawon cerddoriaeth na chystadleuwyr cyfansoddi.
    (ii) Nodwch bod y cystadlaethau'n agored i unrhyw un a anwyd yng Nghymru, y ganwyd un o'i r/rhieni yng Nghymru, neu sy'n gallu siarad neu ysgrifennu Cymraeg, neu unrhyw un sydd wedi byw yng Nghymru am flwyddyn cyn 31 Awst 2023, ac eithro'r ysgoloriaethau offerynnol ac Ysgoloriaeth Towyn Roberts lle mae gofyn i'r cystadleuydd fod wedi byw yng Nghymru am 3 blynedd cyn 31 Awst 2023.

2. **Traw**

    Defnyddir y Traw Cyngerdd Safonol Rhyngwladol (A-440 Hz) ym mhob cystadleuaeth leisiol ac offerynnol sy'n gofyn am biano.

3. **Cyweirnod**

    Yr argraffiad a'r cyweirnod a nodir yn unig a ganiateir ym mhob cystadleuaeth.

4. **Cadenza**

    Mae rhyddid i gystadleuwyr amrywio cadenza neu osod i mewn gadenza neu nodau uchel dewisol lle bo'n arferol, ond rhaid hysbysu'r beirniaid o'r newidiadau.

5. **Cyfeilyddion**

    Rhaid i gystadleuwyr dderbyn gwasanaeth cyfeilyddion swyddogol yr Eisteddfod ym mhob cystadleuaeth ac eithrio corau, cystadlaethau o sioeau cerdd a chystadlaethau offerynnol. Bydd yr Eisteddfod yn ceisio sicrhau gwasanaeth yr un cyfeilydd yn y rhagbrawf a'r prawf terfynol.

6. **Gwobr Goffa David Ellis**

    Bydd y beirniaid yn dewis hyd at bedwar cystadleuydd o'r categori lleisiol dros 25 oed i gystadlu yng nghystadleuaeth Gwobr Goffa David Ellis. Ni chaiff unrhyw un gynnig ar fwy nag un o'r cystadlaethau yn y categori hwn.

7. **Gwobr Goffa Osborne Roberts**

    Bydd y beirniaid yn dewis hyd at bedwar cystadleuydd o'r categori lleisiol o dan 25 oed i gystadlu yng nghystadleuaeth Gwobr Goffa Osborne Roberts. Ni chaiff unrhyw un gynnig ar fwy nag un o'r cystadlaethau yn y categori hwn.

8. Hawlfraint

Cyfrifoldeb corau, partïon, grwpiau ac unigolion yw sicrhau hawlfraint unrhyw ddarnau hunanddewisiad. Rhaid nodi'r manylion hyn wrth gofrestru. Ceir canllawiau a chyfarwyddiadau pellach yn adran 'Cystadlu' ar wefan yr Eisteddfod.

9. Hunanddewisiad

(i) Gall cystadleuydd ddewis cyweirnod mewn cystadlaethau sydd â hunanddewisiad, ond rhaid i'r cyweirnod hwnnw ymddangos mewn copi sydd wedi'i gyhoeddi gan gwmni cydnabyddedig.

(ii) Caniateir canu mewn unrhyw gyweirnod yng nghystadlaethau Canu Emyn i rai dros 60 oed, Unawd o Sioe Gerdd 19 oed a throsodd ac Unawd o Sioe Gerdd o dan 19 oed.

(iii) Rhaid uwchlwytho copi o bob darn yn y cywair a ddewiswyd erbyn diwedd Mehefin, gyda'r geiriau Cymraeg wedi'u gosod ar y gerddoriaeth.

(iv) Rhaid canu'r darnau lleisiol yn y Gymraeg. Fodd bynnag, caniateir i gorau gynnwys un gân heb eiriau yn eu rhaglen os dymunant. Bydd y geiriau Cymraeg ar gyfer y darnau gosod yn cael eu gosod ar dudalennau cofrestru'r cystadlaethau perthnasol ar wefan yr Eisteddfod, www. eisteddfod.cymru, a dylid ebostio cystadlu@eisteddfod.cymru gydag unrhyw ymholiadau.

(v) Ni chaniateir newid y darn hunanddewisiad gwreiddiol ar ôl diwedd Mehefin.

10. Corau

(i) Aelodaeth: Ni chaiff unrhyw un ganu mewn côr heb fod yn aelod cyflawn o'r côr hwnnw am ddeufis yn union cyn yr Eisteddfod, ac ni all unrhyw un ganu mewn mwy nag un côr yn yr un categori corawl.

(ii) Rhannau Unawdol: Ni chaniateir i unrhyw gôr ddewis darnau lle rhoddir lle blaenllaw i unawdwyr. Ni ddylid dewis caneuon o arddull sy'n defnyddio côr fel 'cantorion cefndir' am gyfnod sylweddol.

(iii) Amseru: Mae gan bob côr 12 munud o amser canu (o'r nodyn cyntaf i'r nodyn olaf o bob cân), a hyn i gynnwys nifer amhenodol o ganeuon gyda neu heb gyfeiliant. Nodwch bod rhaid cadw at amser, a bydd corau'n cael eu cosbi am fynd dros yr amser. Ceir rhestr o'r cosbau hyn yn y Rheolau ac Amodau Cyffredinol yng nghefn y Rhestr Testunau.

(iv) Rostra: Darperir rostra gan yr Eisteddfod.

11. Dehongliad Cyfansoddwr o Gymro

Person sydd wedi'i eni yng Nghymru, sydd o dras Gymreig neu sydd wedi gweithio yng Nghymru.

12. Ysgoloriaethau

Ni ellir ennill yr un ysgoloriaeth fwy nag unwaith. Mae'r arian a gynigir ym mhob ysgoloriaeth i'w ddefnyddio i hyrwyddo gyrfa'r unigolyn, a disgwylir i enillwyr brofi i'r Eisteddfod bod yr arian wedi'i wario ar hyn. I hawlio'r ysgoloriaeth mae'n rhaid cysylltu â Swyddfa'r Eisteddfod cyn diwedd mis Medi blwyddyn yr Eisteddfod gyfredol. Gweler hefyd Amod Arbennig 1 uchod.

***Gweler rheol rhif 12, Rheolau ac Amodau Cyffredinol – Hawl i Gystadlu.

13. Cystadlu

Ni all unrhyw un gystadlu fwy nag unwaith yn yr un gystadleuaeth lwyfan.

14. Oedran

Nodwch bod rhaid i'r cystadleuydd fod o fewn cwmpas oedran y gystadleuaeth ar 31 Awst 2023.

15. Copïau

Nodwch ei bod yn anghyfreithlon gwneud copïau ychwanegol eich hun o gerddoriaeth, barddoniaeth neu unrhyw waith sydd wedi'i gyhoeddi.

DS Dylech sicrhau eich bod wedi darllen y Rheolau ac Amodau Cyffredinol yng nghefn y Rhestr Testunau cyn cystadlu.

CORAWL

17.
CÔR ADLONIANT

Côr heb fod yn llai nag 20 mewn nifer
Anogir y cystadleuwyr i berfformio arddull amrywiol o gerddoriaeth hunanddewisiad o wahanol genres hyd at 12 munud o hyd i gynnwys o leiaf 3 o'r elfennau canlynol: pop, sioe gerdd, glee, jazz, gospel, barbershop, roc a thebyg. Ni chaniateir i unrhyw gôr ail-ganu cân mewn categori arall adeg yr Ŵyl.

Gwobrau:
1. Cwpan Y Cymro i'w ddal am flwyddyn a £750 (Cyfreithwyr Parry Davies Clwyd-Jones a Lloyd LLP, 22 Stryd Penlan, Pwllheli)
2. £500 (Teulu Plas Yng Ngheidio, Boduan)
3. £300 (Côr Alawon Llŷn)
Cyflwynir Medal Ann Dwynant i'w dal am flwyddyn i arweinydd y côr buddugol

* Gweler Gwobr y Gân Gymraeg Orau (rhif 24)

18. CÔR CYMYSG HEB FOD YN LLAI NAG 20 MEWN NIFER

Rhaglen o gerddoriaeth hunanddewisiad hyd at 12 munud o hyd i gynnwys darn digyfeiliant a darn gan gyfansoddwr o Gymro. Gellid cyfuno'r ddwy elfen a chael darn digyfeiliant gan gyfansoddwr o Gymro. Gellid hefyd defnyddio trefniant o alaw werin Gymreig gan gyfansoddwr o Gymro. Ni chaniateir i unrhyw gôr ailganu cân mewn categori arall adeg yr Ŵyl.

Gwobrau:
1. Cwpan Sefydliad Gweithwyr Tredegar i'w ddal am flwyddyn a £750 (Dawi a Beryl Griffiths, Trefor, er cof am Douglas Griffiths)
2. £500 (Teulu Plas Yng Ngheidio, Boduan)
3. £300 (Côr Cymysg Dyffryn Conwy er cof am Maureen Hughes)
   Cyflwynir Medal Goffa Morfydd Vaughan Evans i arweinydd y côr buddugol

* Gweler Gwobr y Gân Gymraeg Orau (rhif 24)

19. CÔR LLEISIAU TENOR | BAS

heb fod yn llai nag 20 mewn nifer
Rhaglen o gerddoriaeth hunanddewisiad hyd at 12 munud o hyd i gynnwys darn digyfeiliant a darn gan gyfansoddwr o Gymro. Gellid cyfuno'r ddwy elfen a chael darn digyfeiliant gan gyfansoddwr o Gymro. Gellid hefyd defnyddio trefniant o alaw werin Gymreig gan gyfansoddwr o Gymro. Ni chaniateir i unrhyw gôr ailganu cân mewn categori arall adeg yr Ŵyl.

Gwobrau:
1. Cwpan Cymdeithas Corau Meibion Cymru i'w ddal am flwyddyn a £750
2. £500
3. £300
   (£1,550 Ymddiriedolaeth Drefol Nefyn)
   Cyflwynir Medal Goffa Ivor E Sims i arweinydd y côr buddugol

* Gweler Gwobr y Gân Gymraeg Orau (rhif 24)

20. CÔR LLEISIAU SOPRANO | ALTO

heb fod yn llai nag 20 mewn nifer
Rhaglen o gerddoriaeth hunanddewisiad hyd at 12 munud o hyd i gynnwys darn digyfeiliant a darn gan gyfansoddwr o Gymro. Gellid cyfuno'r ddwy elfen a chael darn digyfeiliant gan gyfansoddwr o Gymro. Gellid hefyd defnyddio trefniant o alaw werin Gymreig gan gyfansoddwr o Gymro. Ni chaniateir i unrhyw gôr ailganu cân mewn categori arall adeg yr Ŵyl.

Gwobrau:
1. Cwpan Charles Dawe i'w ddal am flwyddyn a £750
2. £500
3. £300 (Cymdeithas Chwiorydd Capel y Drindod, Pwllheli)
   Cyflwynir Medal Côr Merched Hafren – Jayne Davies i arweinydd y côr buddugol

* Gweler Gwobr y Gân Gymraeg Orau (rhif 24)

21. CÔR I RAI 60 OED A THROSODD

heb fod yn llai nag 20 mewn nifer
Rhaglen o gerddoriaeth hunanddewisiad hyd at 12 munud o hyd i gynnwys darn digyfeiliant a darn gan gyfansoddwr o Gymro. Gellid cyfuno'r ddwy elfen a chael darn digyfeiliant gan gyfansoddwr o Gymro. Gellid hefyd defnyddio trefniant o alaw werin Gymreig gan gyfansoddwr o Gymro. Ni chaniateir i unrhyw gôr ailganu cân mewn categori arall adeg yr yl.

Gwobrau:
1. Cwpan OR Owen (Owen Gele) i'w ddal am flwyddyn a £750
2. £500
3. £300
   Cyflwynir Medal Goffa Hilda Morgan i'w dal am flwyddyn i arweinydd y côr buddugol

* Gweler Gwobr y Gân Gymraeg Orau (rhif 24)

22. CÔR IEUENCTID O DAN 25 OED

heb fod yn llai nag 20 mewn nifer
Rhaglen o gerddoriaeth hunanddewisiad hyd at 12 munud o hyd i gynnwys darn digyfeiliant a darn gan gyfansoddwr o Gymro. Gellid cyfuno'r ddwy elfen a chael darn digyfeiliant gan gyfansoddwr o Gymro. Gellid hefyd defnyddio trefniant o alaw werin Gymreig gan gyfansoddwr o Gymro. Ni chaniateir i unrhyw gôr ailganu cân mewn categori arall adeg yr Ŵyl.

Gwobrau:
1. Cwpan y Daily Post i'w ddal am flwyddyn a £750 (Cangen Sefydliad y Merched Porthmadog)
2. £500 (Ysgol Uwchradd Botwnnog)
3. £300 (Er cof am Wil Owen [Meddyg o Lŷn], Olwen a Dafydd Owen, Llanbedrog gan Gareth, Sian a Nerys Glennydd)
   Cyflwynir Medal Goffa Twm Dwynant i'w dal am flwyddyn i arweinydd y côr buddugol

* Gweler Gwobr y Gân Gymraeg Orau (rhif 24)

23. CYSTADLEUAETH GORAWL EISTEDDFODAU CYMRU

Unrhyw gyfuniad o leisiau heb fod yn llai nag 20 mewn nifer, i gyflwyno dau ddarn cyferbyniol heb fod yn hwy nag 8 munud, ac i gynnwys darn gan gyfansoddwr o Gymro. Gellid hefyd defnyddio trefniant o alaw werin Gymreig gan gyfansoddwr o Gymro. Ni chaniateir i unrhyw gôr ail-ganu cân mewn categori arall adeg yr Ŵyl.

Bydd cystadlu mewn dwy eisteddfod leol rhwng **Mai 2022 a Mai 2023** yn rhoi'r hawl i gystadlu yn y gystadleuaeth hon yn Eisteddfod Genedlaethol Llŷn ac Eifionydd 2023. Wrth gofrestru, rhaid nodi enwau'r Eisteddfodau lleol y cystadlwyd ynddynt.

Gwobrau:
1. Cwpan Miss Menai Williams a Mrs Nesta Davies i'w ddal am flwyddyn a £500
2. £300
3. £200
   (£1,000 Gwobr Goffa Catherine Lloyd Morgan, gynt o Ffair Rhos)

   Cyflwynir Medal Goffa Gwilym E Humphreys [Cymrawd yr Eisteddfod Genedlaethol] i arweinydd y côr buddugol

   * Gweler Gwobr y Gân Gymraeg Orau (rhif 24)

*24.
Y GÂN GYMRAEG ORAU

Cyflwynir Cwpan y Ffiwsilwyr Cymreig i'w ddal am flwyddyn a £25 (Rhoddedig gan y teulu er cof am John Ifor Hughes, Lleifior, Caeathro) i'r perfformiad gorau gan Gôr yn yr Adran Gorawl, o ddarn gan gyfansoddwr o Gymro.

25.
TLWS ARWEINYDD CORAWL YR ŴYL ER COF AM SIONED JAMES

i'r arweinydd corawl gorau sydd wedi creu argraff yn nhŷb y beirniaid.

Tlws i'w ddal am flwyddyn (Côrdydd a theulu Sioned)

26.
CÔR YR ŴYL

Bydd y panel beirniaid yn dewis y côr buddugol a fydd yn derbyn gwobr o £1,000 (Cyngor Cymuned Buan), Cwpan y Gwarchodlu Cymreig i'w ddal am flwyddyn, ynghyd â gweithdy gydag arweinydd rhyngwladol yng Nghanolfan y Mileniwm, Caerdydd.

ENSEMBLE LLEISIOL

27.
ENSEMBLE LLEISIOL AGORED

(3-6 mewn nifer)
Hunanddewisiad digyfeiliant mewn unrhyw arddull.
Un darn yn unig i'w ganu yn y Gymraeg.
Amser: Dim mwy na 4 munud i'w pherfformio.
Dylid cael llinell annibynnol i bob person unigol.
Ni chaniateir arweinydd.

Gwobrau:
1. £200 (Ieuan ac Ann Jones, Dinas er cof am Llinos)
2. £150 (Côr Dre, Caernarfon)
3. £100 (Alwen a Twm Prys Jones, Llangybi)

UNAWDAU

28.
YSGOLORIAETH W TOWYN ROBERTS, ER COF AM EI BRIOD, VIOLET JONES, NANTCLWYD AC YSGOLORIAETH WILLIAM PARK-JONES

Sefydlwyd yr ysgoloriaethau hyn i hyrwyddo cerddoriaeth leisiol i unawdwyr yng Nghymru.

Dyfernir yr ysgoloriaethau i'r cystadleuydd buddugol er mwyn iddo/iddi ddilyn cwrs hyfforddi lleisiol mewn ysgol neu goleg cerdd cydnabyddedig. Bydd yr ysgoloriaethau yn agored i unrhyw berson a anwyd yng Nghymru neu y ganwyd un o'i r/rhieni yng Nghymru, neu unrhyw berson sy'n byw neu'n gweithio yng Nghymru am y 3 blynedd cyn 31 Awst 2023 neu unrhyw berson sy'n siarad neu'n ysgrifennu Cymraeg.

Disgwylir i'r cystadleuwyr baratoi rhaglen heb fod yn hwy na 15 munud. Rhaid i'r rhaglen gynnwys un gân gan gyfansoddwr o Gymro o'r ugeinfed ganrif neu'r ganrif bresennol a chenir pob un o'r caneuon yn Gymraeg. Ni chaniateir newid y dewis gwreiddiol o ganeuon ar ôl diwedd Mehefin. Bydd gan yr Eisteddfod gyfeilydd ar gyfer y gystadleuaeth hon ond bydd hawl gan y cystadleuydd, os myn, i gael ei gyfeilydd ei hun.

Bydd hawl gan y panel beirniaid i atal yr ysgoloriaethau neu i'w rhannu rhwng mwy nag un enillydd os bydd galw.

Gweler Rheolau ac Amodau Cyffredinol, rhif 21.
Ystyrir cynnig perfformiad i enillydd yr ysgoloriaethau yn un o eisteddfodau'r dyfodol.

Gwobrau:
1. Ysgoloriaeth gwerth £5,000 (£3,000 Ysgoloriaeth W Towyn Roberts; £2,000 Ysgoloriaeth William Park-Jones)
2. £3,000 (Cronfa William Park-Jones)
3. £1,000 (Cyngor Tref Pwllheli)
4. £500

29.
UNAWD SOPRANO 25 OED A THROSODD

Dylid dewis un gân o Ran A ynghyd â'r gân o Ran B

Rhan A:
Opera:
'Crudele? Ah no, mio bene!' / 'Non mi dir'
('Creulondeb? Na, na, f'anwylyd' / 'Paid â dweud'),
Don Giovanni, Mozart, *Operatic Anthothongy Volume I - Soprano [Schirmer GS323583]*
Y geiriau Cymraeg gan Dyfnallt Morgan

'Vissi d'arte' ('Byw i ganu a byw i garu'), *Tosca*, Puccini, *Italian Opera Arias [Schott ED 21421]*
Y geiriau Cymraeg gan John Stoddart

Oratorio/Offeren:
'And God said, Let the earth' / 'With verdure clad'
('A meddai Duw, dyged y tir / Yn wyrddlas îr'), *The Creation*, Haydn, *Oratorio Anthology Soprano [Hal*

Leonard 00747058]
Y geiriau Cymraeg gan Gerallt Jones

'Wiewohl mein Herz in Tränen schwimmt' / 'Ich will dir mein Herze schenken' ('Lord to me thy heart is given') 'O wae! a'm bron gan ddagrau'n lli' / 'Iti'r galon hon a roddaf'), *St Matthew Passion*, Bach, *Oratorio Anthology Soprano [Hal Leonard 00747058]*
Y geiriau Cymraeg gan John Stoddart

Rhan B:
Unawd Gymraeg
'Hei Ho', Haydn Morris [Snell]

Gwobrau:
1. £150 (Er cof am mam, Gwen Parry Williams, Cricieth gan Gwyn a Merian)
2. £100 (TEITHIAU WONDERLING TRAVEL, Pwllheli)
3. £50 (Côr Cofnod, Caernarfon)

30.
UNAWD MEZZO-SOPRANO | CONTRALTO | UWCHDENOR 25 OED A THROSODD
Dylid dewis un gân o Rhan A ac un o Rhan B

Rhan A:
Opera:
'Printemps qui commence' ('Yn fuan daw gwanwyn'), *Samson et Dalila*, Saint-Saëns, *Arias for Mezzo-Soprano [Schirmer GS81098]*
Y geiriau Cymraeg gan T Gwynn Jones

'E amore un ladroncello' ('Rhyw leidr slei yw cariad'), *Cosi fan Tutte*, Mozart, *Mozart Arias for Mezzo-Soprano [Hal Leonard HL40043]*
Y geiriau Cymraeg gan John Stoddart

'Cara Sposa', ('F'annwyl gariad'), *Rinaldo*, Handel, *The New Imperial Edition Contralto Songs [Boosey & Hawkes M051904204]*
Ni chenir y rhan ganol na'r 'da capo'
Y geiriau Cymraeg gan ET Griffiths

Oratorio/Offeren:
'Qui sedes ad dextram Patris' ('A'th sedd ar ddeheulaw'r Tad Nefol'), *Offeren yn B leiaf*, Bach, Oratorio Anthology Alto/Mezzo [Hal Leonard 00747059]
Y geiriau Cymraeg gan John Stoddart

'Inflammatus et accensus' ('Rhag fflamiadau llosgedigaeth'), Stabat Mater, Dvoák, *Oratorio Anthology Alto/Mezzo [Hal Leonard 00747059]*
Y geiriau Cymraeg gan TH Parry-Williams

Rhan B:
Unawd Gymraeg
'Cwyn y Gwynt', W Albert Williams [Gwynn 5037]

'Min y Môr', Eric Jones, *Dagrau Gorfoledd* [Curiad]

Gwobrau:
1. £150
2. £100
3. £50
   (£300 Gwynneth Roberts er cof am ei rhieni, Mona a David Omri Davies)

31.
UNAWD TENOR 25 OED A THROSODD
Dylid dewis un gân o Rhan A ynghyd â'r gân o Rhan B

Rhan A:
Opera:
'Che gelida manina' ('Dy law sy'n oer fel eira'), *La Boheme*, Puccini, *Arias for Tenor [Schirmer GS8109]*
Y geiriau Cymraeg gan John Stoddart

'Se all' impero, amici Dei!' ('Os oes disgwyl, i mi amgyffred'), *La Clemenza di Tito*, Mozart *[Swyddfa'r Eisteddfod]*
Y geiriau Cymraeg gan Sian Meinir

Oratorio/Offeren:
'Hide thou thy hated beams' / 'Waft her angels' ('Cudd dy belydrau blin' / 'Engyl, cludwch hi drwy'r nen'), *Jephtha*, Handel, *Oratorio Anthology Tenor [Hal Leonard 00747060]*
Y geiriau Cymraeg gan Sian Meinir (adroddgan) a Glyndwr Richards (aria)

'Benedictus', *B Minor Mass*, Bach

Rhan B:
Unawd Gymraeg
'Y Dieithryn', J Morgan Nicholas *[Cwmni Gwynn]*

Gwobrau:
1. £150 (Rhian Davies er cof am Llysfoel Davies)
2. £100 (I gofio am Glyn Owen, Rose Bank, Pwllheli)
3. £50 (Rhian Davies er cof am Llysfoel Davies)

32.
UNAWD BARITON | BAS 25 OED A THROSODD
Dylid dewis un gân o Rhan A ac un o Rhan B

Rhan A:
Opera:
'Perfidi' / 'Pieta, rispetto, onore' ('Bradwyr oll' / 'Trugaredd, parch a breiniau'), *Macbeth*, Verdi *Operatic Anthology Volumne IV: Baritone [Schimer GS32586]*
Y geiriau Cymraeg gan John Stoddart

'La Calumnia' ('Sibrwd enllib sy' fel awelig'), *Il Barbiere di Siviglia*, Rossini, *Arias for Bass [Schirmer GS8110]*
Y geiriau Cymraeg gan John Stoddart

'Ves' tabor spit' ('Maent oll ynghwsg') *Aleko*, Rachmaninoff *[Swyddfa'r Eisteddfod]*
Y geiriau Cymraeg gan Heini Gruffudd

Oratorio/Offeren:
'Behold, I tell you a mystery' / 'The trumpet shall sound' ('Gwrandewch, dirgelwch a ddwedaf i' / 'Yr utgorn a gân'), *Messiah*, Handel, *Oratorio Anthology Baritone / Bass Soprano [Hal Leonard 00747061]*
Y geiriau Cymraeg gan TH Parry-Williams

'I rage, I melt, I burn' / 'O ruddier than the cherry' ('Ar dân gan serch wyf fi' / 'O ruddach na'r geiriosen'), *Acis & Galatea*, Handel, *Handel: 45 arias from operas and oratorios (Low) volume I [IMC 1694]*
Y geiriau Cymraeg gan John Stoddart

Rhan B:
Unawd Gymraeg
'Mab yr Ystorm', W Bradwen Jones *[Snell]*

'Aberdaron', Meirion Williams, *Adlewych* [Gwynn]

Gwobrau:
1. £150 (Er cof am Walter W Roberts, Preswylfa, Y Ffôr gan Mair, Nia ac Einir)
2. £100 (Alwena Watkins a'r bechgyn, er cof am Alun)
3. £50 (Ann Evans)

33.
GWOBR GOFFA DAVID ELLIS – Y RHUBAN GLAS

Bydd y panel beirniaid yn dewis pedwar cystadleuydd ar draws y categorïau yng nghystadlaethau 29-32 i gystadlu ar lwyfan y pafiliwn
(a) Yr unawd (Rhan A) yn y dosbarth
(b) Hunanddewisiad o unawd gan gyfansoddwr o Gymro ac eithiro dewisiadau Rhan B unawdau 25 oed a throsodd

Gwobr:
Medal Goffa David Ellis (Pwyllgor Ras Aredig Sarn a'r Cylch) a £200

Ysgoloriaeth Goffa Twm Dwynant, gwerth £500 i enillydd Gwobr Goffa David Ellis tuag at gostau cyfeilio a hyfforddiant pellach

Bydd yr enillydd yn derbyn gwahoddiad arbennig i berfformio yn Awstralia dros ddathliadau Gŵyl Ddewi Eglwys Gymraeg Melbourne, 2024

34.
CANU EMYN I RAI 60 OED A THROSODD

Hunanddewisiad

Gwobrau:
1. £75 (William Palfrey Jones, Tudweiliog)
2. £50
3. £25
   (£75 Capeli Cylch Nefyn)

35.
UNAWD LIEDER I CÂN GELF 25 OED A THROSODD

Mewn unrhyw gyweirnod gan gwmni cyhoeddedig
Unrhyw unawd o waith Brahms neu Wolf

Gwobrau:
1. £100
2. £60
3. £40
   (£200 Elin Ellis a'r teulu, Caerdydd)

36.
UNAWD LIEDER I CÂN GELF O DAN 25 OED

Mewn unrhyw gyweirnod gan gwmni cyhoeddedig
Unrhyw unawd o waith Dilys Elwyn-Edwards neu Quilter

Gwobrau:
1. £75 (Ieuan ac Ann Jones, Dinas er cof am Llinos)
2. £50 (Ann, Carys, Iona a Jane er cof am eu rhieni, William ac Eunice Stephen, Glan Rhos, Llynfaes, Tyn Lon, Caergybi, Ynys Môn)
3. £25 (Côr Cofnod, Caernarfon)

37.
UNAWD YR HEN GANIADAU 19 OED A THROSODD

Unrhyw unawd o waith cyfansoddwr o Gymro a anwyd cyn 1900 ac eithrio'r dewisiadau yn Rhan B – cystadlaethau 29 – 32 a 38 – 41

Gwobrau:
1. £100 (Ann Jones, Pwllheli)
2. £60
3. £40
   (£100 Capeli Cylch Nefyn)

38.
UNAWD SOPRANO 19 AC O DAN 25 OED

Dylid dewis un gân o Rhan A ynghyd â'r gân o Rhan B

Rhan A:
Opera
'V'adoro, pupille' ('Mi garaf dy lygaid'), *Guilio Cesare*, Handel, *Arias for Soprano [Schirmer GS81097]*
Y geiriau Cymraeg gan John Stoddart

'Quando men vo' ('Pan fwyf yn mynd'), *La Bohème*, Puccini, *Arias for Soprano [Schirmer GS81097]*
Y geiriau Cymraeg gan Pennar Davies

Oratorio/Offeren:
'Dominus Dei' ('Arglwydd ein Duw'), *Gloria*, Vivaldi, *Oratorio Anthology Soprano [Hal Leonard 00747058]*
Y geiriau Cymraeg gan Stephen J Williams

'I follow Thee also' ('Rwy'n dilyn yn llawen'), *Y Dioddefaint yn ôl St Ioan*, Bach, *Oratorio Anthology Soprano [Hal Leonard 00747058]*
Y geiriau Cymraeg gan Pennar Davies

Rhan B:
Unawd Gymraeg
'Rhos y Pererinion', Dilys Elwyn Edwards, *Pum cân fyfyriol [Curiad]*

Gwobrau:
1. £100
2. £60
3. £40

39.
UNAWD MEZZO-SOPRANO | CONTRALTO | UWCHDENOR 19 AC O DAN 25 OED

Dewis un gân o Rhan A ac un o Rhan B

Rhan A:
Opera:
'Cangio d'Aspetto' ('O'r fath weddnewid'), *Admeto*, Handel, *The New Imperial Edition Contralto Songs* [Boosey & Hawkes M051904204]
Y geiriau Cymraeg gan John Stoddart

'Mon cœur s'ouvre a ta voix' ('Fy nghalon wrth dy lais'), *Samson et Dalila*, Saint-Saëns, *Arias for Mezzo-Soprano* [Schirmer GS81098]
Y geiriau Cymraeg gan Pennar Davies

Oratorio/Offeren:
'Behold the Bridegroom' / 'Prepare thyself Zion' ('Daw fy mhriodfab' / 'Bydd barod o Seion'), *Christmas Oratorio*, Bach, Oratorio *Anthology Alto/Mezzo* [Hal Leonard 00747059]
Y geiriau Cymraeg gan John Stoddart (adroddgan) a TH Parry-Williams (aria)

'Fac ut portem' ('Gad im gofio Ei farwolaeth'), *Stabat Mater*, Rossini, *Oratorio Anthology Alto/Mezzo* [Hal Leonard 00747059]
Y geiriau Cymraeg gan Dyfnallt Morgan

Rhan B:
Unawd Gymraeg
'Gardd f'Anwylyd', Bradwen Jones [Gwynn]

'Tir na n-Og', Llifon Hughes-Jones, *Elfennau* [Curiad]

Gwobrau:
1. £100
2. £60
3. £40
   (£200 Elen Lansdown a Mari Beynon Owen er cof am wyliau teuluol ym Mhen Bryn, Boduan)

40.
UNAWD TENOR 19 AC O DAN 25 OED

Dylid dewis un gân o Rhan A ynghyd â'r gân o Rhan B

Rhan A:
Opera:
'Che belta, che leggiadria' ('O mor hardd, mor gyfareddol'), *La finta giardinera*, Mozart, *Mozart Opera Arias - Tenor* [Hal Leonard HL50600008]
Y geiriau Cymraeg gan John Stoddart

'Una furtiva lagrima', *L'elisir d'amore*, Donizetti, *Arias for Tenor* [Schirmer GS8109]
Y geiriau Cymraeg gan John Stoddart

Oratorio/Offeren:
'The majesty of the divine humiliation – King ever glorious' ('Frenin Gogoniant'), *The Crucifixion*, Stainer [Novello NOV 072488]
Y geiriau Cymraeg gan John Stoddart

'Let but that spirit' / 'Thus when the sun' ('Doed eto'r ysbryd ' / 'Fel pan fo'r haul'), *Samson*, Handel [Novello NOV070144]
Y geiriau Cymraeg gan TH Parry-Williams

Rhan B:
Unawd Gymraeg
'Dilys', J Morgan Lloyd [Gwynn 5031]

Gwobrau:
1. £100
2. £60
3. £40
   (£200 Teifryn Rees, Llanelli)

41.
UNAWD BARITON | BAS 19 AC O DAN 25 OED

Dewis un gân o Rhan A ac un o Rhan B

Rhan A:
Opera:
'Sì tra i ceppi' ('Mewn caethiwed a chadwynau'), *Berenice*, Handel, *Second book of Baritone/Bass solos* [Schirmer HL50482071]
Y geiriau Cymraeg gan Dyfnallt Morgan

'Look! Through the port' ('Gwêl! Drwy'r rhigolau'), *Billy Budd*, Benjamin Britten *Opera Arias for Baritone* [Boosey & Hawkes MO51933297]

Oratorio/Offeren:
'Honour and Arms' ('Herio dy fath'), *Samson*, Handel, *Oratorio Anthology Baritone / Bass Soprano* [Hal Leonard 00747061]
Y geiriau Cymraeg gan TH Parry-Williams

'Lord God of Abraham' ('Duw Arglwydd Abraham'), *Elijah*, Mendelssohn, *Oratorio Anthology Baritone / Bass Soprano* [Hal Leonard 00747061]
Y geiriau Cymraeg gan TH Parry-Williams

Rhan B:
Unawd Gymraeg
'Sant Gofan', J Morgan Lloyd [Gwynn 5036]

'Eifionydd', Mansel Thomas (llais isel) [Ymddiriedolaeth Mansel Thomas MT129]

Gwobrau:
1. £100 (Er cof am Iestyn gan Lena, Carol ac Eleri)
2. £60 (Pwyllgor Eisteddfod Gadeiriol Chwilog)
3. £40 (Ann Evans)

42.
GWOBR GOFFA OSBORNE ROBERTS – Y RHUBAN GLAS

Bydd y panel beirniaid yn dewis pedwar cystadleuydd ar draws y categorïau yng nghystadlaethau 38-41 i gystadlu ar lwyfan y pafiliwn
(a) Yr unawd (Rhan A) yn y dosbarth
(b) Hunanddewisiad o unawd gan gyfansoddwr o Gymro ac eithiro dewisiadau Rhan B unawdau 19 ac o dan 25 oed

Gwobr:
Medal Goffa Osborne Roberts a £150 (Ann Jones, Pwllheli)

Gwobr Sefydliad Cymru Gogledd America. Bydd yr enillydd yn derbyn gwobr gan Sefydliad Cymru Gogledd America i'w (g)alluogi i berfformio yn yr Ŵyl yn

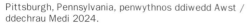

Pittsburgh, Pennsylvania, penwythnos ddiwedd Awst / ddechrau Medi 2024.

Gwobr Cronfa Goffa Violet Mary Lewis. Cynigir gwobr Cronfa Goffa Violet Mary Lewis, gwerth £220, rhoddedig gan ei mab, Dr Cyril David Jones, Michigan, UDA, a'i merch Phyllis Marie Jones-Gaide, Florida, UDA, i'r soprano fwyaf disglair yng nghystadlaethau 38-41 i gael hyfforddiant pellach.

Gwobr Cronfeydd Coffa David Lloyd a Jean Skidmore, Aberdyfi. Cynigir £160 o Gronfa Gwobr Goffa David Lloyd a £60 o Gronfa Goffa Jean Skidmore, Aberdyfi, er cof am David Lloyd, i'r tenor mwyaf disglair yng nghystadlaethau 38-41 i gael hyfforddiant pellach.

Ysgoloriaethau:
Mae'r ysgoloriaethau isod i'w defnyddio i hyrwyddo gyrfa yr enillydd. Ni all unrhyw un dderbyn yr un ysgoloriaeth fwy nag unwaith, ond gellir cystadlu fwy nag unwaith i ennill y gwobrau. Gweler Rheolau ac Amodau Cyffredinol, rhif 21.

Ysgoloriaeth William Park-Jones gwerth £2,000 i enillydd Gwobr Goffa Osborne Roberts
Ysgoloriaeth Côr Meibion Cymry Llundain gwerth £500 i enillydd Gwobr Goffa Osborne Roberts
Ysgoloriaeth William Park-Jones gwerth £1,000 i'r unawdydd mwyaf addawol yng nghystadlaethau 38-41 i'w (g)alluogi i dderbyn hyfforddiant pellach mewn ysgol neu goleg cerdd cydnabyddedig neu gan athro llais cydnabyddedig.

43.
UNAWD O SIOE GERDD 19 OED A THROSODD – CÂN ALLAN O SIOE GERDD GYMRAEG WREIDDIOL

Gellir defnyddio piano neu gyfeiliant addas neu drac cefndir, ond dylid cofio am anghenion technegol y llwyfan a'r rhagbrawf. Bydd y cystadleuwyr yn gyfrifol am eu cyfeilydd/ion eu hunain. Caniateir canu mewn unrhyw gyweirnod.
Amser: heb fod yn hwy nag 8 munud

Gwobrau:
1. £100
2. £60
3. £40
   (£200 Cangen Caernarfon Plaid Cymru)

Cynigir Ysgoloriaeth gwerth £1,000 rhoddedig gan Cwmni Anrhydeddus Lifrai Cymru i alluogi'r enillydd i gael hyfforddiant pellach. Ni all unrhyw un dderbyn yr un ysgoloriaeth fwy nag unwaith, ond gellir cystadlu fwy nag unwaith i ennill y gwobrau. Gweler Rheolau ac Amodau Cyffredinol, rhif 21.

44.
YSGOLORIAETH GOFFA WILBERT LLOYD ROBERTS

Cynigir £600 o Ysgoloriaeth Goffa Wilbert Lloyd Roberts i'r cystadleuydd mwyaf addawol yn y gystadleuaeth Unawd o Sioe Gerdd i rai 19 oed a throsodd neu Gwobr Richard Burton er mwyn iddo/iddi ddatblygu gyrfa fel perfformiwr theatrig proffesiynol. Ni all unrhyw un dderbyn yr un ysgoloriaeth fwy nag unwaith, ond gellir cystadlu fwy nag unwaith i ennill y gwobrau. Gweler Rheolau ac Amodau Cyffredinol, rhif 21.

45.
UNAWD O SIOE GERDD O DAN 19 OED – CÂN ALLAN O SIOE GERDD GYMRAEG WREIDDIOL

Gellir defnyddio piano neu gyfeiliant addas neu drac cefndir, ond dylid cofio am anghenion technegol y llwyfan a'r rhagbrawf. Bydd y cystadleuwyr yn gyfrifol am eu cyfeilydd/ion eu hunain. Caniateir canu mewn unrhyw gyweirnod.
Amser: heb fod yn hwy na 5 munud

Gwobrau:
1. Tlws Derek Williams, Cwmni Theatr Maldwyn i'w ddal am flwyddyn a £75
2. £50
3. £25
   (£150 Buddug Jones er cof am Gwyn a Delyth, Bae Penrhyn)

Cynigir Ysgoloriaeth gwerth £1,000 rhoddedig gan Ymddiriedolaeth Elusennol Simon Gibson i alluogi'r enillydd i gael hyfforddiant pellach. Ni all unrhyw un dderbyn yr un ysgoloriaeth fwy nag unwaith, ond gellir cystadlu fwy nag unwaith i ennill y gwobrau. Gweler Rheolau ac Amodau Cyffredinol, rhif 21.

46.
UNAWD SOPRANO | ALTO | UWCHDENOR 16 AC O DAN 19 OED

'Y Pren Afalau', Gilmor Griffiths *[Y Lolfa]*
Cyweirnodau: D a Bb

Gwobrau:
1. £75 (Cymdeithas Gymraeg Chelmsford a'r Cylch)
2. £50
3. £25
   (£75 Capel Tŷ Mawr, Bryncroes)

47.
UNAWD TENOR | BARITON | BAS 16 AC O DAN 19 OED

'Llanc ifanc o Lŷn', T. Gwynn Jones, *O Lŷn i Ffrisco [Y Lolfa]*
Cyweirnodau: G ac E

Gwobrau:
1. £75 (Cymdeithas Gymraeg Chelmsford a'r Cylch)
2. £50
3. £25
   (£75 Capel Tŷ Mawr, Bryncroes)

48.
UNAWD SOPRANO | ALTO 12 AC O DAN 16 OED

'Y Geni', Hugh Gwynne, *Boed Noel [Curiad]*
Cyweirnodau: G ac E

Gwobrau:
1. £60
2. £30
3. £20
   (£110 Ysgol Glan y Môr, Pwllheli)

49.
UNAWD TENOR | BARITON | BAS 12 AC O DAN 16 OED

'Y Gwanwyn Du', Osborne Roberts *[Gwynn 5011]*
Cyweirnodau: C neu D

Gwobrau:
1. £60
2. £30
3. £20
   (£110 Ysgol Glan y Môr, Pwllheli)

50.
UNAWD O DAN 12 OED

'Y Seren Dlos', Rhys Glyn *[Swyddfa'r Eisteddfod]*

Gwobrau:
1. £50
2. £25
3. £15
   (£90 Ken Hughes, Pentrefelin er cof am Delyth Roberts, Teifion Thomas a Kenneth Roberts)

OFFERYNNOL

51.
GWOBR GOFFA ELERI EVANS

Cystadleuaeth Cyfeilio ar y Piano
(Cynhelir yn y Pagoda)
Disgwylir i'r cystadleuwyr gyfeilio i ddarn ar gyfer offeryn a bod yn barod i gyfeilio i ddarn arall a osodir ar y dydd. Bydd yr ail ddarn yn gân osodedig. Ni chynhelir y gystadleuaeth ar lwyfan y pafiliwn.
(a) Darn ar gyfer offeryn oddeutu 5 munud o hyd Ebostiwch cystadlu@eisteddfod.cymru ar ôl 1 Mehefin 2023 am ragor o wybodaeth
(b) Cân osodedig
Rhoddir 20 munud i'r cystadleuwyr ymgyfarwyddo â'r darnau gyda'r ddau ddatgeinydd.

Gwobr:
£300 (£100 Gwilym a Glenys Evans, Llandyrnog er cof am eu merch, Eleri)

52.
GRŴP OFFERYNNOL AGORED

2–8 mewn nifer. Rhaglen hunanddewisiad hyd at 10 munud o hyd

Gwobrau:
1. £200 (Clwb y Castell, Caernarfon)
2. £150
3. £100

CYNHELIR YN Y PAFILIWN

53.
RHUBAN GLAS OFFERYNNOL 19 OED A THROSODD
Ysgoloriaeth Cronfa Peggy a Maldwyn Hughes

Mae cystadlaethau 54-59 yn arwain at y Rhuban Glas ac Ysgoloriaeth gwerth £3,000 o Gronfa Peggy a Maldwyn Hughes. Bydd yr Ysgoloriaeth yn agored i unrhyw berson a anwyd yng Nghymru neu y ganwyd un o'i r/rhieni yng Nghymru, neu unrhyw berson sy'n byw neu'n gweithio yng Nghymru am y 3 blynedd cyn 31 Awst 2023, neu unrhyw berson sy'n siarad neu'n ysgrifennu Cymraeg. Sefydlwyd yr ysgoloriaeth hon i hyrwyddo cerddoriaeth offerynnol yng Nghymru. Mae'r ysgoloriaeth i'w defnyddio i hyrwyddo gyrfa'r enillydd fel offerynnwr. Ni all unrhyw un dderbyn yr un ysgoloriaeth fwy nag unwaith, ond gellir cystadlu fwy nag unwaith i ennill y gwobr.

Bydd y panel beirniaid yn dewis pedwar cystadleuydd yng nghystadlaethau 54-59 i gystadlu ar lwyfan y pafiliwn a dylid cyflwyno'r un rhaglen.

Unigolion 19 oed a throsodd
Gofynnir i'r cystadleuwyr yn y cystadlaethau a ganlyn ddewis rhaglen o un darn neu ragor. Ni ddylai'r rhaglen gyflawn fod yn hwy na 15 munud. Mae pob cystadleuydd yn gyfrifol am ei gyfeilydd ei hun. Ni ddarperir cyfeilydd swyddogol. Bydd pedwar cystadleuydd o blith cystadlaethau 54-59 yn cystadlu am y Rhuban Glas. Cynhelir y cystadlaethau hyn yn yr un ganolfan, y naill ar ôl y llall, o flaen panel o feirniaid.

Gwobr:
Y Rhuban Glas a £150 ac ysgoloriaeth gwerth £3,000 (Ysgoloriaeth Cronfa Peggy a Maldwyn Hughes) i'w defnyddio i hyrwyddo gyrfa'r enillydd fel offerynnwr

CYNHELIR YN Y PAGODA:

54.
UNAWD CHWYTHBRENNAU 19 OED A THROSODD
Gwobrau:
1. £100
2. £60
3. £40
   (£200 W Jones)

55.
UNAWD LLINYNNAU 19 OED A THROSODD
Gwobrau:
1. £100
2. £60
3. £40
   (£200 Catrin Elis Williams a'r teulu, Bangor)

56.
UNAWD PIANO 19 OED A THROSODD
Gwobrau:
1. £100 (Wendy Lloyd Jones, Cilan, Pwllheli)
2. £60
3. £40
   (£100 Sheila Jones, Llandwrog, Caernarfon)

57.
UNAWD OFFERYNNAU PRES 19 OED A THROSODD
Gwobrau:
1. £100 (Sheila Jones, Llandwrog, Caernarfon)
2. £60 (John Glyn a Glen Jones, Morfa Nefyn)
3. £40 (Côr Cofnod, Caernarfon)

58.
UNAWD TELYN 19 OED A THROSODD
Gwobrau:
1. £100 (Sheila Jones, Llandwrog, Caernarfon)
2. £60 (Noel a Bethan Dyer, Parc-y-Delyn, Mynytho er cof am Heulwen a John Richard Thomas, Mynytho)
3. £40 (Eifion Griffith)

59.
UNAWD OFFERYN/NAU TARO 19 OED A THROSODD
Gwobrau:
1. £100 (Cangen Penrhosgarnedd Merched y Wawr)
2. £60
3. £40

CYNHELIR YN Y PAFILIWN

60.
RHUBAN GLAS OFFERYNNOL 16 AC O DAN 19 OED
Ysgoloriaeth Leslie Wynne-Evans – £1,500
Ysgoloriaeth Rachael Ann Thomas – £500

Mae cystadlaethau 61-66 yn arwain at y Rhuban Glas ac Ysgoloriaeth gwerth £2,000 gan Ysgoloriaeth Leslie Wynne-Evans (£1,500) ac Ysgoloriaeth Rachael Ann Thomas (£500). Bydd yr ysgoloriaeth yn agored i unrhyw berson a anwyd yng Nghymru neu y ganwyd un o'i r/rhieni yng Nghymru, neu unrhyw berson sy'n byw neu'n gweithio yng Nghymru am 3 blynedd cyn 31 Awst 2023, neu unrhyw berson sy'n siarad neu'n ysgrifennu Cymraeg.

Mae'r ysgoloriaeth i'w defnyddio i hyrwyddo gyrfa'r enillydd fel offerynnwr.

Ni all unrhyw un dderbyn yr un ysgoloriaeth fwy nag unwaith, ond gellir cystadlu fwy nag unwaith i ennill y gwobrau.

Bydd y panel beirniaid yn dewis pedwar cystadleuydd yng nghystadlaethau 61-66 i gystadlu ar lwyfan y pafiliwn a dylid cyflwyno'r un rhaglen.

Unigolion 16 ac o dan 19 oed
Gofynnir i'r cystadleuwyr yn y cystadlaethau a ganlyn ddewis rhaglen o un darn neu ragor. Ni ddylai'r rhaglen gyflawn fod yn hwy na 12 munud. Mae pob cystadleuydd yn gyfrifol am ei gyfeilydd ei hun. Ni ddarperir cyfeilydd swyddogol. Bydd pedwar cystadleuydd o blith cystadlaethau 61-66 yn cystadlu am y Rhuban Glas. Cynhelir y cystadlaethau hyn yn yr un ganolfan, y naill ar ôl y llall, o flaen panel o feirniaid.

Gwobr:
Y Rhuban Glas a £150 ac ysgoloriaeth gwerth £2,000 (£1,500 Ysgoloriaeth Leslie Wynne-Evans; £500 Ysgoloriaeth Rachael Ann Thomas) i'w defnyddio i hyrwyddo gyrfa'r enillydd fel offerynnwr

CYNHELIR YN Y PAGODA:

61.
UNAWD CHWYTHBRENNAU 16 AC O DAN 19 OED
Gwobrau:
1. £75
2. £50
3. £25
    (£150 W Jones)

62.
UNAWD LLINYNNAU 16 AC O DAN 19 OED
Gwobrau:
1. £75
2. £50
3. £25
    (£150 Catrin Elis Williams a'r teulu, Bangor)

63.
UNAWD PIANO 16 AC O DAN 19 OED
Gwobrau:
1. £75 (Merched y Wawr Morfa Nefyn)
2. £50 (Elsbeth a Hugh Gwynne, Cricieth)
3. £25 (William Palfrey Jones, Tudweiliog

64.
UNAWD OFFERYNNAU PRES 16 AC O DAN 19 OED
Gwobrau:
1. £75
2. £50
3. £25
    (£150 Elwyn ac Alwena Davies, Cricieth)

65.
UNAWD TELYN 16 AC O DAN 19 OED
Gwobrau:
1. £75
2. £50
3. £25
    (£150 Er cof am Peter gan Gwen a Catrin Morris Jones, Pwllheli)

66.
UNAWD OFFERYN/NAU TARO 16 AC O DAN 19 OED
Gwobrau:
1. £75
2. £50
3. £25

CYNHELIR YN Y PAFILIWN

67.
RHUBAN GLAS OFFERYNNOL O DAN 16 OED

Ysgoloriaeth Ymddiriedolaeth Ivor ac Aeres Evans
Mae cystadlaethau 68-73 yn arwain at y Rhuban Glas ac Ysgoloriaeth Ymddiriedolaeth Ivor ac Aeres Evans gwerth £1,000. Bydd yr ysgoloriaeth yn agored i unrhyw berson a anwyd yng Nghymru neu y ganwyd un o'i r/rhieni yng Nghymru, neu unrhyw berson sy'n byw neu'n gweithio yng Nghymru am y 3 blynedd cyn 31 Awst 2022 neu unrhyw berson sy'n siarad neu'n ysgrifennu Cymraeg.

Mae'r ysgoloriaeth i'w defnyddio i hyrwyddo gyrfa'r enillydd fel offerynnwr.

Ni all unrhyw un dderbyn yr un ysgoloriaeth fwy nag unwaith, ond gellir cystadlu fwy nag unwaith i ennill y gwobrau.

Bydd y panel beirniaid yn dewis pedwar cystadleuydd yng nghystadlaethau 68-73 i gystadlu ar lwyfan y pafiliwn a dylid cyflwyno'r un rhaglen.

Unigolion o dan 16 oed
Gofynnir i'r cystadleuwyr yn y cystadlaethau a ganlyn ddewis rhaglen o un darn neu fwy. Ni ddylai'r rhaglen gyflawn fod yn hwy na 10 munud. Mae pob cystadleuydd yn gyfrifol am ei gyfeilydd ei hun. Ni ddarperir cyfeilydd swyddogol. Bydd pedwar cystadleuydd o blith cystadlaethau 68-73 yn cystadlu am y Rhuban Glas. Cynhelir y cystadleuethau hyn yn yr un ganolfan, y naill ar ôl y llall, o flaen panel o feirniaid.

Gwobr: Y Rhuban Glas a £100 ac ysgoloriaeth gwerth £1,000 (Ysgoloriaeth Ymddiriedolaeth Ivor ac Aeres Evans) i'w defnyddio i hyrwyddo gyrfa'r enillydd fel offerynnwr

CYNHELIR YN Y PAGODA

68.
UNAWD CHWYTHBRENNAU O DAN 16 OED

Gwobrau:
1. £60 (Sheila Jones, Llandwrog, Caernarfon)
2. £30
3. £20
   (£50 W Jones)

69.
UNAWD LLINYNNAU O DAN 16 OED

Gwobrau:
1. £60
2. £30
3. £20
   (£110 Gwasanaeth Cerdd Ysgolion Gwynedd)

70.
UNAWD PIANO O DAN 16 OED

Gwobrau:
1. £60
2. £30
3. £20
   (£110 Caryl Roberts, Porthmadog)

71.
UNAWD OFFERYNNAU PRES O DAN 16 OED

Gwobrau:
1. £60
2. £30
3. £20
   (£110 Gwenllïan, George, Owain a Twm Herd, Penisarwaun)

72.
UNAWD TELYN O DAN 16 OED

Gwobrau:
1. £60 (Cwt Tatws)
2. £30
3. £20
   (£50 Merched y Wawr Pistyll)

73.
UNAWD OFFERYN/NAU TARO O DAN 16 OED

Gwobrau:
1. £60
2. £30
3. £20
   (£110 Gwasanaeth Cerdd Ysgolion Gwynedd)

CYSTADLEUAETH YN Y TŶ GWERIN

AGORED
[123]. BRWYDR Y BANDIAU

Mae'r gystadleuaeth yn bartneriaeth rhwng Eisteddfod Genedlaethol Cymru (Tŷ Gwerin), a'r BBC ac yn ymgais i ddarganfod talent cerddoriaeth werin Gymraeg newydd.

Bydd y gystadleuaeth yn agored i fandiau neu artistiaid unigol sy'n perfformio cerddoriaeth werin. Gall y rhain fod yn offerynnol, lleisiol neu'n gyfuniad o'r ddau.

Diffinir gwerin fel caneuon ac alawon traddodiadol Cymreig neu ganeuon newydd yn y dull gwerinol.

Gwobr: £600 (£300 Clwb Gwerin y Castell, Cricieth; £300 Hefina a Tomos) a slot ar Sesiwn Radio Cymru
Beirniaid: Lleuwen Steffan, Gwilym Bowen Rhys

CYFANSODDI

AMOD ARBENNIG

Rhaid i bob ymgeisydd uwchlwytho'u gwaith ar ffurf MP3 a / neu PDF wrth gofrestru.

74.
TLWS Y CERDDOR

Darn wedi'i ysbrydoli gan alaw / alawon gwerin Cymreig, a gymer hyd at 8 munud i'w berfformio gan offeryn unawdol a chyfeiliant gan 1 - 4 offeryn.

Gwobr: Tlws y Cerddor (Cymdeithas Cerddoriaeth Cymru) a £750 (Rhodd er cof am Tecwyn Ellis gan Valerie Ellis, Bangor a'r teulu)

Beirniaid: Pwyll ap Siôn, Guto Pryderi Puw

75.
EMYN-DÔN GYFOES
i eiriau'r Parch. Mererid Mair Williams

Emyn Gobaith

Trown atat Arglwydd Iesu
a'n calonnau yn llawn mawl,
daeth cyfle nawr i'th foli
ac i'n cân mae gennyt hawl.
Cawn uno gyda'th deulu yma'n agos ac ymhell,
i ganu cân o obaith byw; am Deyrnas Crist a fory gwell.

Trown atat Arglwydd Iesu
a'n calonnau yn llawn poen,
fe'n llethwyd gan bryderon;
tyrd i'n cynnal, addfwyn Oen.
Cawn uno gyda'th deulu yma'n agos ac ymhell,
i ganu cân o obaith byw; am Deyrnas Crist a fory gwell.

Trown atat Arglwydd Iesu
a'n calonnau yn llawn siom,
methwyd dangos maint dy gariad,
tyrd, bywha pob calon drom.
Cawn uno gyda'th deulu yma'n agos ac ymhell,
i ganu cân o obaith byw; am Deyrnas Crist a fory gwell.

Trown atat Arglwydd Iesu
a'n calonnau yn llawn ffydd,
bu ddoe dan niwl amheuaeth,
ond daeth gwawr y trydydd dydd.
Cawn uno gyda'th deulu yma'n agos ac ymhell,
i ganu cân o obaith byw; am Deyrnas Crist a fory gwell.

Cenir yr emyn ar y dôn fuddugol yng Nghymanfa Ganu'r Eisteddfod

Gwobr: £200 (Er cof annwyl am mam a dad, Elfed a Megan Evans, Annedd-Wen, Penygroeslon gan Rhian)

Beirniad: Eric Jones

76.
TREFNIANT O UNRHYW GÂN GYMREIG GYFOES I FAND PRES A CHÔR ADDAS FEL DIWEDDGLO CYNGERDD

Cyfrifoldeb y cyfansoddwr yw sicrhau'r hawl i ddefnyddio'r gerddoriaeth a'r geiriau

Gwobr: £200 (Dafydd a Bethan Iwan, Caeathro)

Beirniad: Owain Gethin Davies

77.
UNAWD

gyda chyfeiliant piano fyddai'n addas ar gyfer cystadleuaeth Unawd 12 ac o dan 16 oed yr Eisteddfod Genedlaethol. Caniateir defnyddio naill ai geiriau gwreiddiol neu eiriau cyhoeddedig.

Cyfrifoldeb y cyfansoddwr yw sicrhau'r hawl i ddefnyddio'r geiriau

Gwobr: £200 (Ieuan ac Ann Jones, Dinas er cof am Llinos)

Beirniad: Delyth Rees

78.
DARN AR GYFER ENSEMBLE TELYN

yn seiliedig ar alawon traddodiadol Cymreig, a gymer dim mwy na 5 munud i'w berfformio

Gwobr: £200 (Ann a Daniel Evans, Morfa Nefyn)

Beirniad: Ann Hopcyn

79.
DARN JAZZ

yn seiliedig ar Alaw/on Traddodiadol Cymreig, ar gyfer hyd at 5 offeryn, a gymer dim mwy na 5 munud i'w berfformio

Gwobr: £200 (Dafydd Tecwyn Ellis, Bangor)

Beirniad: Einion Dafydd

80.
CYSTADLEUAETH I DDISGYBLION 16 AC O DAN 19 OED

Dau gyfansoddiad gwrthgyferbyniol, mewn unrhyw gyfrwng

Gwobr: £200

Beirniad: Gareth Hughes Jones

[124]. CYSTADLEUAETH TLWS SBARDUN

Cân werinol ac acwstig ei naws. Rhaid i'r gerddoriaeth a'r geiriau fod yn wreiddiol.
Caniateir cywaith. Dylid uwchlwytho'r gân ar ffurf MP3 ynghyd â chopi o'r geiriau.

Perfformir y gân fuddugol yn ystod seremoni cyhoeddi'r enillydd yn yr Eisteddfod.

Gwobr: Tlws Alun Sbardun Huws i'w ddal am flwyddyn a £500 (Gwenno Huws)

Beirniaid: Lisa Jên, Sioned Mair

BEIRNIAID A CHYFEILYDDION
Beirniaid Lleisiol

Corawl:
Islwyn Evans, Huw Foulkes, Nia Llewelyn Jones

Ysgoloriaeth W Towyn Roberts:
Aidan Lang, Bryn Terfel, Buddug Verona

Unawdau 25 oed a throsodd:
Delyth Hopkins Evans, Sian Meinir

Unawdau 19-25 oed:
Huw Llywelyn Jones, Iona Jones, Rhys Meirion

Cystadlaethau lleisiol eraill:
Huw Euron, Llio Evans, Caryl Hughes

Sioe gerdd:
Ffion Emyr, Steffan Prys Roberts

Offerynnol:
Chwythbrennau: Robert Codd
Llinynnau: Rakhi Singh
Piano: Iwan Llewelyn-Jones
Pres: Gavin Saynor
Telyn: Elfair Grug
Offerynnau taro: Chris Marshall

Cyfeilyddion
Branwen B Evans, Steven Evans, Jeffrey Howard, Huw Griffith, Kim Lloyd Jones, Glian Llwyd, Rhiannon Pritchard

DAWNS

AMODAU ARBENNIG

1. **Llwyfan**

    (i) Ni chaniateir i unrhyw un ddawnsio mewn mwy nag un parti yn yr un gystadleuaeth.

    (ii) Mae'r cystadlaethau'n agored i unrhyw un a anwyd yng Nghymru, y ganwyd un o'i r/rhieni yng Nghymru, neu unrhyw un sydd wedi byw yng Nghymru neu unrhyw berson sydd yn gallu siarad neu ysgrifennu Cymraeg am o leiaf flwyddyn yn union cyn yr Ŵyl.

    (iii) Disgwylir i'r cystadleuwyr ddod â'u cyfeilydd/cyfeiliant eu hunain.

    (iv) Gofynnir i bob parti uwchlwytho cynllun llwyfan gyda lleoliad ac unrhyw anghenion sain eu cerddorion erbyn diwedd Mehefin.

2. **Maint y llwyfan**

    Pafiliwn - 7 metr o ddyfnder x 15 metr o led; Dawns - 7 metr o ddyfnder x 10 metr o led

3. **Hawlfraint**

    Cyfrifoldeb partïon, grwpiau neu unigolion yw sicrhau hawlfraint unrhyw ddarnau hunanddewisiad. Rhaid nodi hyn ar y ffurflen gystadlu. Ceir canllawiau a chyfarwyddiadau pellach yn adran 'Cystadlu' ar wefan yr Eisteddfod. Dylid uwchlwytho copi o unrhyw ddarnau erbyn diwedd Mehefin.

4. **Cerddoriaeth**

    Dylai unrhyw gerddoriaeth a ddefnyddir fod â geiriau Cymraeg neu heb eiriau o gwbl. Dylid uwchlwytho unrhyw recordiad o gerddoriaeth ar ffurf MP3 yn yr adran gofrestru ar wefan yr Eisteddfod erbyn diwedd Mehefin.

5. **Dawnsio Cyfoes/Disgo**

    (i) Beirniedir y perfformiadau ar sail natur greadigol, elfennau cyfansoddi a choreograffeg a chelfyddyd dawnsio'r rhai sy'n cystadlu.

    (ii) Gofynnir i gystadleuwyr uwchlwytho crynodeb o'r gwaith, ynghyd â theitl a chyfansoddwr y gerddoriaeth erbyn diwedd Mehefin. Ni chaniateir goleuadau arbennig, setiau nac unrhyw offer cynhyrchu arall ar gyfer y cystadlaethau. Caniateir defnyddio mân gelfi, sy'n gludadwy gan yr unigolion fydd yn eu defnyddio.

    (iii) Disgwylir i'r cystadleuwyr ddewis gwisg/gwisgoedd syml na fydd yn amharu ar eu symudiadau ar y llwyfan. Dylai'r wisg orchuddio'r torso.

    (iv) Darperir lle i'r cystadleuwyr baratoi a gofynnir iddynt fod yn barod o leiaf hanner awr cyn y gystadleuaeth.

6. **Oedran**

    Rhaid i'r cystadleuydd fod o fewn cwmpas oedran y gystadleuaeth ar 31 Awst 2023.

7. **Copïau**

   Mae hi'n anghyfreithlon gwneud copïau ychwanegol eich hun o gerddoriaeth, barddoniaeth neu unrhyw waith sydd wedi'i gyhoeddi.

8. **Rhagwrandawiadau**

   Ni fydd rhagwrandawiad yn cael ei drefnu fel arfer os na fydd mwy na 6 grŵp yn cystadlu. Er hyn, bydd gan y Trefnydd yr hawl i alw rhagwrandawiad cyn y prawf terfynol yn ôl yr angen mewn eithriadau. Bydd gan y beirniaid yr hawl i atal grŵp/grwpiau rhag mynd i'r llwyfan.

DS Dylech sicrhau eich bod wedi darllen y rheolau ac amodau cyffredinol yng nghefn y Rhestr Testunau cyn cystadlu.

DAWNSIO GWERIN

Gall partïon gystadlu ym mhob cystadleuaeth i bartïon/grwpiau

81.
TLWS COFFA LOIS BLAKE

Rhaglen ddi-dor o ddawnsio Gwerin Cymreig heb fod yn fwy na 12 munud o hyd.

Dylai'r rhaglen gynnwys 'Rhuddem y Ddawns', *Cwmni Dawns Werin Caerdydd [CDdWC]* neu rannau ohoni, a dawnsfeydd gwerin cyhoeddiedig, gwrthgyferbyniol i greu cyfanwaith adloniannol.

Dylid uwchlwytho copi o'r cyfanwaith erbyn diwedd Mehefin

Gwobrau:
1. Tlws Coffa Lois Blake i'w ddal am flwyddyn a £500 (Dawnswyr Talog)
2. £300
3. £200

82.
TLWS CYMDEITHAS DDAWNS WERIN CYMRU

Un uned o dri chwpl yn dawnsio 'Aly Grogan', gan gynnwys 'Rownd O Mopsi Dôn: Yr Hen Ffordd' ar ddiwedd y ddawns yn unig. Unrhyw fersiwn cyhoeddiedig.

Dylid uwchlwytho copi o'r ddawns erbyn diwedd Mehefin

Gwobrau:
1. Tlws Cymdeithas Genedlaethol Dawns Werin Cymru i'w ddal am flwyddyn a £300
2. £200
3. £100

83.
PARTI DAWNSIO GWERIN O DAN 25 OED
Naill ai:
'Caer Ifan', Sioned Page-Jones *[CDdWC]*

Neu
'Gwenyn Gwent', Ian Hughes, *Dawnsiau'r Ugeinfed Ganrif [CDdWC]*

Neu
'Triban Teifi', Nerys Davies *[CDdWC]*

Caniateir i hyd at 25% o'r aelodau fod dros yr oedran

Gwobrau:
1. Tlws Dawnswyr Elli i'w ddal am flwyddyn a £150 (Merched y Wawr Pwllheli)
2. £100
3. £50
   (£150 Prynhawn Difyr Pwllheli)

84.
DAWNS STEPIO I GRŴP

Dawns stepio i grŵp o 5 neu fwy gan ddefnyddio camau, patrymau ac arddull traddodiadol Gymreig, gydag alawon neu ganeuon Cymreig (gellir defnyddio unrhyw ganeuon neu alawon Cymreig, nid yn unig rhai traddodiadol). Heb fod yn fwy na 5 munud.

Gwobrau:
1. Tlws Coffa Geoff Jenkins i'w ddal am flwyddyn a £150
2. £100
3. £50

85.
DEUAWD, TRIAWD NEU BEDWARAWD STEPIO

Gan ddefnyddio camau, patrymau, arddull, alawon a cherddoriaeth fyw sydd yn y traddodiad gwerin Cymreig. Heb fod yn fwy na 4 munud.

Gwobrau:
1. Tlws Coffa Graham Worley i'w ddal am flwyddyn a £100
2. £60
3. £40
   (£200 Eirlys a Mansel Phillips)

86.
DAWNS STEPIO UNIGOL MEWN ARDDULL DRADDODIADOL I FECHGYN 18 OED A THROSODD

Gan ddefnyddio gwisg, camau, patrymau, arddull, alawon a cherddoriaeth fyw sydd yn y traddodiad gwerin Cymreig. Heb fod yn fwy na 3 munud.

Gwobrau:
1. Tlws Coffa Menna Griffiths i'w ddal am flwyddyn a £75
2. £50
3. £25
   (£150 Rhianwen a'r teulu er côf am Geraint [Bangor])

87.
DAWNS STEPIO UNIGOL MEWN ARDDULL DRADDODIADOL I FERCHED 18 OED A THROSODD

Gan ddefnyddio gwisg, camau, patrymau, arddull, alawon a cherddoriaeth fyw sydd yn y traddodiad gwerin Cymreig. Heb fod yn fwy na 3 munud.

Gwobrau:
1. Tlws Coffa Myfi a Megan Wynn i'w ddal am flwyddyn a £75
2. £50
3. £25

CYSTADLAETHAU YN DAWNS

88.
DAWNS STEPIO UNIGOL MEWN ARDDULL DRADDODIADOL I FECHGYN O DAN 18 OED

Gan ddefnyddio gwisg, camau, patrymau, arddull, alawon a cherddoriaeth fyw sydd yn y traddodiad gwerin Cymreig. Heb fod yn fwy na 3 munud.

Gwobrau:
1. Tlws Bro Taf er cof am Lowri Gruffydd i'w ddal am flwyddyn a £60
2. £30
3. £20

89.
DAWNS STEPIO UNIGOL MEWN ARDDULL DRADDODIADOL I FERCHED O DAN 18 OED

Gan ddefnyddio gwisg, camau, patrymau, arddull, alawon a cherddoriaeth fyw sydd yn y traddodiad gwerin Cymreig. Heb fod yn fwy na 3 munud.

Gwobrau:
1. £60 (Merched y Wawr Porthmadog er cof am aelodau a gollwyd)
2. £30
3. £20

CYSTADLEUAETH YN Y TŶ GWERIN

90.
PROPS AR Y PRYD

Cystadleuaeth hwyliog i 2 neu fwy o ddawnswyr. Rhaid cofrestru o leiaf awr cyn y gystadleuaeth – a bydd y testun, props a'r gerddoriaeth yn cael eu dewis a'u datgelu yn ystod yr amser cofrestru.

Gwobr: £300 i'w rhannu yn ôl dymuniad y beirniad

NEUADD DDAWNS:

91.
PARTI O DDAWNSWYR DI-BROFIAD

i gyflwyno 'Hoffedd Miss Hughes', Ian Hughes, *Dawnsiau'r Ugeinfed Ganrif* [CDdWC]

Nid yw gwisg draddodiadol yn ofynnol. Anogir y partïon i ddefnyddio cerddoriaeth fyw pan fo'n bosibl. Cystadleuaeth i annog grwpiau newydd, gyda dawnswyr sydd heb gystadlu ym mhrif gystadlaethau dawnsio gwerin yr Eisteddfod. Caniateir cynnwys dawnswyr profiadol ond rhaid bod y mwyafrif o'r dawnswyr yn newydd. Gellir derbyn cefnogaeth gan aelodau o CDdWC yn gymorth i baratoi at y gystadleuaeth trwy gysylltu gyda ysgrifennydd@dawnsio.cymru.

Gwobr: £300 i'w rhannu yn ôl dymuniad y beirniad

CYFANSODDI

92
CYFANSODDI DAWNS

Cyfansoddi dawns addas i grŵp o ddawnswyr oed uwchradd.
Anfonir y dawnsiau sy'n cael eu cymeradwyo gan y beirniad at Gymdeithas Genedlaethol Dawns Werin Cymru gyda'r bwriad o'u cyhoeddi

Gwobr: £200

Beirniad: Jennifer Maloney

[122]. PERFFORMIAD GWREIDDIOL:

Beth am gynnau tân ...' **neu** 'Meini'

Rhaid cynnwys o leiaf dair elfen o blith y pump a nodir, sef alawon gwerin traddodiadol, cerdd dant, dawns, drama a llefaru i greu perfformiad dychmygus. Ni ddylai'r cyflwyniad fod yn hwy na 10 munud, yn cynnwys paratoi a chlirio'r llwyfan. Caniateir defnyddio symudiadau, gwisgoedd a mân offer llwyfan. Dylid uwchlwytho braslun o'r sgript erbyn diwedd Mehefin. (Gwelir y gystadleuaeth hefyd yn adrannau Cerdd Dant, Llefaru, Gwerin a Theatr)

Gwobrau:
1. Tlws Parti'r Ffynnon i'w ddal am flwyddyn a £350 (Teulu Tegfan, Llanbedrog)
2. £250 (Gŵyl Pen Draw'r Byd, Aberdaron)
3. £150 (Er cof am Alun Bontddu)

CYSTADLEUAETH YN Y TŶ GWERIN

AGORED

[123]. BRWYDR Y BANDIAU

Mae'r gystadleuaeth yn bartneriaeth rhwng Eisteddfod Genedlaethol Cymru (Tŷ Gwerin), a'r BBC ac yn ymgais i ddarganfod talent cerddoriaeth werin Gymraeg newydd.

Bydd y gystadleuaeth yn agored i fandiau neu artistiaid unigol sy'n perfformio cerddoriaeth werin. Gall y rhain fod yn offerynnol, lleisiol neu'n gyfuniad o'r ddau.

Diffinir gwerin fel caneuon ac alawon traddodiadol Cymreig neu ganeuon newydd yn y dull gwerinol.

Gwobr: £600 (£300 Clwb Gwerin y Castell, Cricieth; £300 Hefina a Tomos) a slot ar Sesiwn Radio Cymru

Beirniaid: Lleuwen Steffan, Gwilym Bowen Rhys

DAWNSIO CYFOES | DISGO

93.
DAWNS GREADIGOL | GYFOES UNIGOL

i gerddoriaeth gyda geiriau Cymraeg neu heb eiriau o gwbl, i gyfleu thema o'ch dewis.
Amser: hyd at 2 funud o'r symudiad cyntaf. Ni ddylai unrhyw gyflwyniad llafar gynnwys mwy na 100 gair.

Rhaid uwchlwytho copi o'r cyflwyniad a hawlfraint y gerddoriaeth ynghyd â MP3 o'r gerddoriaeth erbyn diwedd Mehefin

Gwobrau:
1. £75
2. £50
3. £25

94.
DAWNS GREADIGOL | GYFOES I GRŴP DROS 4 MEWN NIFER

i gerddoriaeth gyda geiriau Cymraeg neu heb eiriau o gwbl, i gyfleu thema o'ch dewis.
Amser: hyd at 4 munud o'r symudiad cyntaf.

Ni ddylai unrhyw gyflwyniad llafar gynnwys mwy na 100 gair. Rhaid uwchlwytho copi o'r cyflwyniad a hawlfraint y gerddoriaeth ynghyd â MP3 o'r gerddoriaeth erbyn diwedd Mehefin

Gwobrau:
1. £150 (Alton Murphy, Porthmadog)
2. £100
3. £50

95.
DAWNS AML-GYFRWNG I BÂR NEU DRIAWD MEWN UNRHYW ARDDULL

e.e. jazz, tap, bale, sioe gerdd, cyfoes ayb.
i gerddoriaeth gyda geiriau Cymraeg neu heb eiriau o gwbl.

Amser: hyd at 3 munud o'r symudiad cyntaf.

Rhaid uwchlwytho copi o hawlfraint y gerddoriaeth ynghyd â MP3 o'r gerddoriaeth erbyn diwedd Mehefin
(Y gystadleuaeth i'w chynnal yn Dawns)

Gwobrau:
1. £100
2. £60
3. £40

96.
DAWNS UNIGOL DISGO, HIP HOP NEU STRYD 12 OED A THROSODD

i gerddoriaeth gyda geiriau Cymraeg neu heb eiriau o gwbl
Amser: hyd at 2 funud o'r symudiad cyntaf

Rhaid uwchlwytho copi o hawlfraint y gerddoriaeth ynghyd â MP3 o'r gerddoriaeth erbyn diwedd Mehefin

Gwobrau:
1. £75
2. £50 (Alton Murphy, Porthmadog)
3. £25

97.
DAWNS UNIGOL DISGO, HIP HOP NEU STRYD O DAN 12 OED

i gerddoriaeth gyda geiriau Cymraeg neu heb eiriau o gwbl

Amser: hyd at 2 funud o'r symudiad cyntaf

Rhaid uwchlwytho copi o hawlfraint y gerddoriaeth ynghyd â MP3 o'r gerddoriaeth erbyn diwedd Mehefin

Gwobrau:
1. £50
2. £25
3. £15

98.
DAWNS DISGO, HIP HOP NEU STRYD I BÂR NEU DRIAWD

i gerddoriaeth gyda geiriau Cymraeg neu heb eiriau o gwbl

Amser: hyd at 3 munud o'r symudiad cyntaf

Rhaid uwchlwytho copi o hawlfraint y gerddoriaeth ynghyd â MP3 o'r gerddoriaeth erbyn diwedd Mehefin

Gwobrau:
1. £100
2. £60
3. £40

99.
DAWNS DISGO, HIP HOP NEU STRYD I GRŴP

dros 4 mewn nifer i gerddoriaeth gyda geiriau Cymraeg neu heb eiriau o gwbl

Amser: hyd at 3 munud o'r symudiad cyntaf

Rhaid uwchlwytho copi o hawlfraint y gerddoriaeth ynghyd â MP3 o'r gerddoriaeth erbyn diwedd Mehefin

Gwobrau:
1. £150
2. £100
3. £50

Beirniaid
Gwerin: Mel Evans, Jennifer Maloney
Stepio: Huw Williams, Jennifer Maloney
Cyfoes/Disgo: Hanna Lynn Hughes, Angharad Harrop

MAES D (DYSGU CYMRAEG)

AMODAU ARBENNIG

1. Mae'r cystadlaethau ar gyfer dysgwyr Cymraeg dros 16 oed, ar wahân i gystadlaethau 100 a 112

2. Rhennir y lefelau fel a ganlyn:

   (i) **Mynediad:** wedi derbyn hyd at 120 o oriau cyswllt

   (ii) **Sylfaen:** wedi derbyn hyd at 240 o oriau cyswllt

   (iii) **Canolradd:** wedi derbyn hyd at 360 o oriau cyswllt

   (iv) **Agored:** cystadlaethau sy'n agored i unrhyw un sydd wedi dysgu'r Gymraeg fel oedolyn hyd at ddosbarthiadau hyfedredd. Mae hefyd yn agored i'r rhai sydd yn, neu wedi astudio Cymraeg fel ail iaith yn yr ysgol uwchradd. Nid yw'r cystadlaethau yn agored i'r rhai sydd wedi dilyn cwrs gradd yn y Gymraeg neu unrhyw radd drwy gyfrwng y Gymraeg yn rhannol neu'n llwyr, nac i'r rhai sy'n gweithio fel tiwtor Cymraeg ers mwy na 2 flynedd.

3. **Hawlfraint**

   Cyfrifoldeb corau, partïon, grwpiau neu unigolion yw sicrhau hawlfraint unrhyw ddarnau hunanddewisiad. Rhaid nodi hyn ar y ffurflen gystadlu. Ceir canllawiau a chyfarwyddiadau pellach yn adran 'Cystadlu' ar wefan yr Eisteddfod. Dylid uwchlwytho copi o unrhyw ddarnau hunanddewisiad i'r wefan erbyn diwedd Mehefin.

4. **Oedran**

   Rhaid i'r cystadleuydd fod o fewn cwmpas oedran y gystadleuaeth ar 31 Awst 2023.

5. **Copïau**

   Mae hi'n anghyfreithlon gwneud copïau ychwanegol eich hun o gerddoriaeth, barddoniaeth neu unrhyw waith sydd wedi'i gyhoeddi.

6. Rhaid uwchlwytho ceisiadau cyfansoddi wrth gofrestru erbyn y dyddiad cau, 1 Ebrill.

DS Dylech sicrhau eich bod wedi darllen y Rheolau ac Amodau Cyffredinol yng nghefn y Rhestr Testunau cyn cystadlu.

100.
DYSGWR Y FLWYDDYN

Gallwch eich enwebu chi eich hun neu gall tiwtor neu unrhyw un arall enwebu dysgwr ar wefan yr Eisteddfod, www.eisteddfod.cymru Yn agored i unrhyw ddysgwr dros 18 oed sydd erbyn hyn yn siarad yn eithaf hyderus.

Mae modd sôn am y canlynol:
- teulu a diddordebau
- rhesymau dros ddysgu Cymraeg
- sut yr aeth y dysgwr ati i ddysgu'r iaith
- effaith dysgu Cymraeg ar fywyd y dysgwr a'r defnydd mae'n ei wneud o'r Gymraeg
- gobeithion ar gyfer y dyfodol

Y rownd gyn-derfynol i'w chynnal yn rhithiol mewn partneriaeth gyda'r Ganolfan Dysgu Cymraeg Genedlaethol.

Gwobrau: Tlws Dysgwr y Flwyddyn a £300 (Cyngor Tref Pwllheli) i'r enillydd; ynghyd â £100 yr un i bawb arall sy'n ymddangos yn y rownd derfynol (£300 Cyngor Tref Pwllheli)

Tanysgrifiad blwyddyn yr un gan y cylchgrawn *Golwg* i'r ymgeiswyr sy'n cyrraedd y rownd derfynol. Cydnabyddir hefyd roddion gan fudiad Merched y Wawr i'r ymgeiswyr sy'n cyrraedd y rownd derfynol. Caiff yr enillydd wahoddiad i fod yn aelod o'r Orsedd ynghyd â gwahoddiad i ymuno â Phanel Dysgwyr yr Eisteddfod

Beirniaid: Geraint Wilson-Price, Liz Saville Roberts, Tudur Owen

CYSTADLEUAETH AR LWYFAN Y PAFILIWN

101.
CÔR

rhwng 13 a 40 mewn nifer
Unrhyw gân neu gyfuniad o ganeuon o'ch dewis chi, hyd at 5 munud o hyd, mewn unrhyw arddull
Caniateir i hyd at 25% o'r aelodau fod yn siaradwyr iaith gyntaf
Lefel: Agored

Bydd rhagbrawf ym Maes D ar gyfer y gystadleuaeth hon

Gwobrau:
1. £150 (Glyn a Meinir Roberts, Llannor)
2. £100
3. £50
   (£150 Cylch Dysgwyr Cymraeg Derby)

CYSTADLAETHAU YM MAES D

Rhaid i bawb ofalu am eu cyfeiliant eu hunain. Bydd piano ar gael.

102.
PARTI CANU

hyd at 12 mewn nifer
Unrhyw gân neu gyfuniad o ganeuon o'ch dewis chi, hyd at 5 munud o hyd, mewn unrhyw arddull, e.e. jazz, pop, clasurol, gwerin
Caniateir i hyd at 25% o'r aelodau fod yn siaradwyr iaith gyntaf
Lefel: Agored

Gwobrau:
1. £100 (Merched y Wawr Rhanbarth Dwyfor)
2. £60
3. £40
   (£100 Cylch Dysgwyr Cymraeg Derby)

103.
SGETS: SGWRS MEWN MEDDYGFA

hyd at 5 munud o hyd
Lefel: Agored

Gwobrau:
1. £100 (Cangen Cricieth Merched y Wawr)
2. £60
3. £40
   (£100 Cylch Dysgwyr Cymraeg Derby)

104.
CYFLWYNIAD GRŴP

hyd at 5 munud o hyd: **'Môr a Mynydd'**
Gall y cyflwyniad gynnwys llefaru, canu ac actio
Lefel: Agored

Gwobrau:
1. £100
2. £60
3. £40
   (£200 Cylch Dysgwyr Cymraeg Derby)

105.
LLEFARU UNIGOL 16 OED A THROSODD

'Ynys', Iestyn Tyne, *Addunedau*
Lefel: Agored

Gwobrau:
1. £60
2. £30
3. £20
   (£110 Elisabeth Glenys Jones)

106.
UNAWD LLEISIOL

Hunanddewisiad hyd at 4 munud o hyd mewn unrhyw arddull e.e. gwerin, pop, clasurol, canu gyda gitâr
Lefel: Agored

Gwobrau:
1. £60
2. £30
3. £20
   (£110 Cylch Dysgwyr Cymraeg Derby)

Beirniad: Gwyneth Glyn

CYFANSODDI

107.
CYSTADLEUAETH Y GADAIR

Cerdd: Glannau
Lefel: Agored

Gwobr: Cadair a £75 (Glenys Jones, Pwllheli er cof am ei diweddar ŵr, Ednyfed Jones, cyn-Bennaeth Cymraeg, Ysgol Ramadeg, Pwllheli)

Beirniad: Ifor ap Glyn

108.
CYSTADLEUAETH Y TLWS RHYDDIAITH

Darn o ryddiaith, tua 500 o eiriau: Ennill
Lefel: Agored

Gwobr: Tlws a £75 (Alwen a Twm Prys Jones, Llangybi)

Beirniad: Siôn Aled

109.
DARN O RYDDIAITH

tua 200 o eiriau: **Ystafell 101 – tri o fy nghas bethau**
Lefel: Canolradd

Gwobr: £50 (Dysgwyr Dwyfor)

Beirniad: Mair Price

110.
DARN O RYDDIAITH

tua 150 o eiriau: **Diddordebau**
Lefel: Sylfaen

Gwobr: £50 (Gareth ac Ann Roberts, Bangor)

Beirniad: Shirley Williams

111.
DARN O RYDDIAITH

tua 100 o eiriau: **Sgwrs yn y dosbarth Cymraeg**
Lefel: Mynediad

Gwobr: £50 (Sesiwn Sgwrsio Maesyneuadd, Trefor)

Beirniad: Nia Llwyd

112.
FLOG (BLOG FIDEO)

hyd at 5 munud: **Fy ardal i**
Lefel: Agored (Croesewir gwaith grŵp neu unigol gan gynnwys disgyblion ail iaith ysgolion uwchradd o dan 16 oed)

Gwobr: £100 (Canolfan Iaith a Threftadaeth Nant Gwrtheyrn)

Beirniad: Bedwyr Rees

Mae'r cystadlaethau canlynol yn agored i ddysgwyr, tiwtoriaid a siaradwyr Cymraeg hyderus

113.
CREU FFILM FER

3-5 munud o hyd, drwy ddefnyddio ffôn, tabled neu gamera, sy'n cynnig argraff o fywyd a phrofiadau siaradwyr Cymraeg ifanc yn y Wladfa heddiw.

Gwobr: £100 (Cymdeithas Cymru-Ariannin)

Beirniad: Marian Brosschot

114.
CREU PECYN O ADNODDAU AML-LEFEL AR GYFER YMWELIAD GAN GRŴP O DDYSGWYR Â'R EISTEDDFOD GENEDLAETHOL

Gwobr: £100 (Dysgu Cymraeg Gogledd Orllewin)

Beirniad: Meirion Prys Jones

GWERIN

AMODAU ARBENNIG

1. **Canu a chyflwyno**

   Ar gyfer cystadlaethau canu i unigolion, argymhellir cyflwyno'r gân:

   - yn naturiol
   - gan osgoi creu arddangosfa ymwybodol o'r llais canu
   - gan roi blaenoriaeth i'r geiriau, eu profiad a'u naws
   - gan ddehongli trwy liwio neu bwyntio'n gynnil, heb or-ddramateiddio
   - gan drin yr alaw yn llawforwyn i'r geiriau
   - gan adael i'r geiriau reoli rhythmau'r gerddoriaeth
   - gan ddehongli'r gân yng nghyswllt ei chefndir traddodiadol hyd y gwyddys am hynny

   Rhaid canu'r caneuon yn ddigyfeiliant, ac eithrio cystadlaethau lle nodwyd y caniateir offerynnau. Gellir dewis unrhyw gyweirnod

   Ar gyfer parti neu gôr yn yr adran hon:
   – bod yr alaw a'r geiriau yn cael blaenoriaeth yn y trefniant a'r dehongliad, a hynny mewn arddull werinol

2. **Hawlfraint**

   Cyfrifoldeb corau, partïon, grwpiau neu unigolion yw sicrhau hawlfraint unrhyw ddarnau hunanddewisol. Rhaid nodi hyn ar y ffurflen gystadlu. Ceir canllawiau a chyfarwyddiadau pellach yn adran 'Cystadlu' ar wefan yr Eisteddfod. Rhaid uwchlwytho copi i'r wefan erbyn diwedd Mehefin.

3. **Oedran**

   Rhaid i'r cystadleuydd fod o fewn cwmpas oedran y gystadleuaeth ar 31 Awst 2023.

4. **Copïau**

   Mae hi'n anghyfreithlon gwneud copïau ychwanegol eich hun o gerddoriaeth, barddoniaeth neu unrhyw waith sydd wedi'i gyhoeddi.

5. **Rhagwrandawiadau**

   Ni fydd rhagwrandawiad yn cael ei drefnu fel arfer os na fydd mwy na 6 grŵp yn cystadlu. Er hyn, bydd gan y Trefnydd yr hawl i alw rhagwrandawiad cyn y prawf terfynol yn ôl yr angen mewn eithriadau. Bydd gan y beirniaid yr hawl i atal grŵp/grwpiau rhag mynd i'r llwyfan.

ALAWON GWERIN

115.
CÔR ALAW WERIN DROS 20 MEWN NIFER

(a) Unsain: 'Santiana', J Glyn Davies, *Cerddi Huw Puw*
(b) Trefniant i 2, 3 neu 4 llais o unrhyw gân werin draddodiadol wrthgyferbyniol ac eithrio'r rhai a osodwyd yn yr adran hon eleni

Gwobrau:
1. Tlws Parti'r Ffynnon i'w ddal am flwyddyn a £500 (Côr Eifionydd)
2. £300 (Nest, Lowri a Non er cof am eu rhieni, WJ a Gwenda Edwards, Bow Street)
3. £200 (Côr yr Heli, Pwllheli a'r cyffiniau)

116.
PARTI ALAW WERIN HYD AT 20 MEWN NIFER

(a) Unsain: 'Y Bwthyn yng nghanol y wlad' *[Swyddfa'r Eisteddfod]*
(b) Trefniant i 2, 3 neu 4 llais o unrhyw gân werin draddodiadol wrthgyferbyniol ac eithrio'r rhai a osodwyd yn yr adran hon eleni

Gwobrau:
1. Tlws Rhianedd Môn i'w ddal am flwyddyn a £300 (Teulu Llwyn, Abersoch)
2. £200 (Eirwen Lloyd, Y Fflint er cof am ei phriod, Cyril)
3. £100 (Cartref Gofal Preswyl Bryn Meddyg Llanaelhaearn)

117.
PARTI ALAW WERIN O DAN 25 OED HYD AT 20 MEWN NIFER

(a) Unsain: 'Teg oedd yr Awel', J Glyn Davies *[Swyddfa'r Eisteddfod]*
(b) Trefniant i 2, 3 neu 4 llais o unrhyw gân werin draddodiadol wrthgyferbyniol ac eithrio'r rhai a osodwyd yn yr adran hon eleni

Gwobrau:
1. £150 (Gwyneth Glyn a Twm Morys)
2. £100 (Aelwyd Chwilog)
3. £50 (Eirwen a Pryderi Llwyd Jones, Cricieth)

118.
GWOBR GOFFA Y FONESIG RUTH HERBERT LEWIS 21 OED A THROSODD

Unrhyw ddwy gân werin draddodiadol wrthgyferbyniol ac eithrio'r rhai a osodwyd yn yr adran hon eleni, i'w canu yn y dull traddodiadol, yn ddigyfeiliant

Gwobrau:
1. Cwpan Y Fonesig Ruth Herbert Lewis i'w ddal am flwyddyn, Medal (Er cof am Harry Richards gan Lowri Richards a'r teulu) a £150 (Teulu Llwyn, Abersoch)
2. £100
3. £50
   (£150 Er cof am Hedley Gibbard gan Mair, Dafydd a Gwenan)

119.
UNAWD ALAW WERIN 16 AC O DAN 21 OED

Bechgyn: 'Wel bachgen ifanc ydwyf' *Canu'r Cymry 1 a 2 neu Canu'r Cymry 1 [CAGC]*
Merched: 'Y Gwydr Glas', *Canu'r Cymry 1 a 2 neu Canu'r Cymry 2 [CAGC]*

Gwobrau:
1. Medal Goffa J Lloyd Williams (Cymdeithas Alawon Gwerin Cymru) a £75 (Enid Owen, Botwnnog)
2. £50
3. £25
   (£75 Mairwenna Lloyd, Y Rhyl, wyres Jane Williams)

Bydd yr enillydd yn cael cyfle i fynychu cynhadledd flynyddol Cymdeithas Alawon Gwerin Cymru yn Aberystwyth ym Medi 2023 ar gost y Gymdeithas, yn ogystal â chael perfformio yn y noson.

120.
UNAWD ALAW WERIN 12 AC O DAN 16 OED

'Ffarwel fo i dre' Porthmadog [Swyddfa'r Eisteddfod]

Gwobrau:
1. £60 (Enid Owen, Botwnnog)
2. £30
3. £20
   (£50 Eirwen a Pryderi Llwyd Jones, Cricieth)

121.
UNAWD ALAW WERIN O DAN 12 OED

'Gwenno aeth i Ffair Pwllheli' [Swyddfa'r Eisteddfod]

Gwobrau:
1. £50
2. £25
3. £15
   (£90 Er cof am John a Mary Williams, Siopau Pwlldefaid a Tots to Teens Pwllheli gan deulu Ty'n Giât, Llanystumdwy)

122.
PERFFORMIAD GWREIDDIOL:

Beth am gynnau tân …' **neu** 'Meini'
Rhaid cynnwys o leiaf dair elfen o blith y pump a nodir, sef alawon gwerin traddodiadol, cerdd dant, dawns, drama a llefaru i greu perfformiad dychmygus. Ni ddylai'r cyflwyniad fod yn hwy na 10 munud, yn cynnwys paratoi a chlirio'r llwyfan. Caniateir defnyddio symudiadau, gwisgoedd a mân offer llwyfan. Dylid uwchlwytho braslun o'r sgript erbyn diwedd Mehefin. (Gwelir y gystadleuaeth hefyd yn adrannau Cerdd Dant, Dawns, Llefaru a Theatr)

Gwobrau:
1. Tlws Parti'r Ffynnon i'w ddal am flwyddyn a £350 (Teulu Tegfan, Llanbedrog)
2. £250 (Gŵyl Pen Draw'r Byd, Aberdaron)
3. £150 (Er cof am Alun Bontddu)

Beirniaid: Nia Clwyd, Rhiannon Ifans, Catrin Angharad Jones, Trefor Pugh

CYSTADLAETHAU YN Y TŶ GWERIN

AGORED

123.
BRWYDR Y BANDIAU

Mae'r gystadleuaeth yn bartneriaeth rhwng Eisteddfod Genedlaethol Cymru (Tŷ Gwerin), a'r BBC ac yn ymgais i ddarganfod talent cerddoriaeth werin Gymraeg newydd.

Bydd y gystadleuaeth yn agored i fandiau neu artistiaid unigol sy'n perfformio cerddoriaeth werin. Gall y rhain fod yn offerynnol, lleisiol neu'n gyfuniad o'r ddau.

Diffinir gwerin fel caneuon ac alawon traddodiadol Cymreig neu ganeuon newydd yn y dull gwerinol.

Gwobr: £600 (£300 Clwb Gwerin y Castell, Cricieth; £300 Hefina a Tomos) a slot ar Sesiwn Radio Cymru

Beirniaid: Lleuwen Steffan, Gwilym Bowen Rhys

CYFANSODDI

124.
CYSTADLEUAETH TLWS SBARDUN

Cân werinol ac acwstig ei naws. Rhaid i'r gerddoriaeth a'r geiriau fod yn wreiddiol.
Caniateir cywaith. Dylid uwchlwytho'r gân ar ffurf MP3 ynghyd â chopi o'r geiriau.
Perfformir y gân fuddugol yn ystod seremoni cyhoeddi'r enillydd yn yr Eisteddfod.

Gwobr: Tlws Alun Sbardun Huws i'w ddal am flwyddyn a £500 (Gwenno Huws)

Beirniaid: Lisa Jên, Sioned Mair

GWYDDONIAETH A THECHNOLEG

AMODAU ARBENNIG

1. Dylid dehongli 'gwyddoniaeth' a 'gwyddonol' yn hyblyg, hynny yw, i gynnwys meysydd gwyddonol, peirianyddol, mathemategol, technolegol, meddygol ac amaethyddol

2. Gweler Rheolau ac Amodau Cyffredinol rhif 10 – Gwaith Gwreiddiol

Y FEDAL WYDDONIAETH A THECHNOLEG ER ANRHYDEDD
Dyddiad cau: 31 Ionawr 2023

Rhoddir y Fedal Wyddoniaeth a Thechnoleg i gydnabod ac anrhydeddu cyfraniad helaeth i'r defnydd o'r Gymraeg ym myd gwyddoniaeth a thechnoleg. Gellir enwebu unigolion drwy wefan yr Eisteddfod, www.eisteddfod.cymru

CYFANSODDI

125.
ERTHYGL GYMRAEG

sydd yn gysylltiedig â'r pwnc ac yn addas i gynulleidfa eang, heb fod yn hwy na 1,000 o eiriau. Croesewir y defnydd o dablau, diagramau a lluniau amrywiol. Sylwer y dylid cydnabod gwaith awduron eraill lle bo'n briodol. Croesewir gwaith unigolyn neu waith grŵp o unrhyw oedran. Ystyrir cyhoeddi'r erthygl fuddugol mewn cydweithrediad â'r cyfnodolyn *Gwerddon*.
Ni chaniateir anfon yr un gwaith yn ei hanfod i fwy nag un gystadleuaeth

Gwobr: £400 (£100 Er cof am Thomas Ceiri Griffith, Llundain a Chwilog) (i'w rannu yn ôl dymuniad y beirniad, gyda lleiafswm o £200 i'r enillydd)

Beirniad: Eleri Pryse

126.
ERTHYGL AR UNRHYW AGWEDD O FYD NATUR YN ADDAS AR GYFER EI CHYHOEDDI YN *Y NATURIAETHWR*

Anogir y defnydd o dablau, diagramau a lluniau amrywiol. Sylwer y dylid cydnabod gwaith awduron eraill lle bo'n briodol. Ystyrir cyhoeddi'r gwaith sy'n cael ei gymeradwyo gan y beirniad yn *Y Naturiaethwr*. Gweler 'Canllawiau i awduron':-
cymdeithasedwardllwyd.cymru/canllawiau
Ni chaniateir anfon yr un gwaith yn ei hanfod i fwy nag un gystadleuaeth

Gwobr: £200 (I gofio John Arfon Huws gan Beti, Bwlchtocyn, Siân Gwenllian, Dylan, Iwan a'r teulu oll yn Y Felinheli)

Beirniad: Gerallt Pennant

127.
DYFEISIO AC ARLOESI

Cystadleuaeth i wobrwyo syniad arloesol a chreadigol sydd er budd y gymdeithas. Gall fod yn syniad neu ddyfais hollol newydd neu yn ateb i broblem bresennol mewn unrhyw faes. Gofynnir am geisiadau heb fod yn hwy na 1,000 o eiriau sy'n amlinellu'r syniad. Croesewir y defnydd o dablau, diagramau a lluniau amrywiol. Gall fod yn waith sydd wedi ei gyflawni yn barod neu yn gysyniad newydd.
Ni chaniateir anfon yr un gwaith yn ei hanfod i fwy nag un gystadleuaeth

Gwobr: £1,000 (i'w rannu yn ôl dymuniad y beirniad, gyda lleiafswm o £500 i'r enillydd)

Beirniad: Geraint Hughes

YMARFEROL
(YN YSTOD YR EISTEDDFOD)

Cynhelir y cystadlaethau hyn yn y Pentref Gwyddoniaeth

128.
HER AWR FAWR

ar gyfer grŵp o 2 neu 3 o ddisgyblion o oed ysgol uwchradd.
Cystadleuaeth ymarferol neu gyfrifiadurol pan fydd ymgeiswyr yn cael cyfnod penodol i gwblhau tasg

Gwobrau dyddiol a thystysgrifau:
1. £60
2. £40
3. £20
   (£360 Er cof am Thomas Noel Roberts)
   (£120 Ysgol Glan y Môr, Pwllheli)
   (£120 Er cof am Thomas Ceiri Griffith, Llundain a Chwilog)

129.
HER HANNER AWR

ar gyfer unigolyn neu grŵp o 2 neu 3 o ddisgyblion blynyddoedd 3-6 yn yr ysgol gynradd. Cystadleuaeth ymarferol neu gyfrifiadurol pan fydd ymgeiswyr yn cael cyfnod penodol i gwblhau tasg

Gwobrau dyddiol a thystysgrifau:
1. £30
2. £20
3. £10
   (£180 Er cof am John Gwyn Bumby gan y teulu)
   (£120 Er cof am Marilyn Lewis)
   (£60 Ysgol Glan y Môr, Pwllheli)

LLEFARU

DS Dylech sicrhau eich bod wedi darllen y Rheolau ac Amodau Cyffredinol yng nghefn y Rhestr Testunau cyn cystadlu.

AMODAU ARBENNIG

1. **Darnau Hunanddewisiad:** Rhaid i gystadleuwyr uwchlwytho eu sgriptiau a darnau hunanddewisiad i wefan yr Eisteddfod erbyn diwedd Mehefin

2. **Cystadlaethau Côr Llefaru dros 16 mewn nifer a Pharti Llefaru hyd at 16 mewn nifer**

   Caniateir defnyddio symudiadau, gwisgoedd, cerddoriaeth a mân gelfi cludadwy. Rhaid paratoi a chlirio'r llwyfan o fewn yr amser penodedig

3. **Rheol Iaith**

   Tynnir sylw'r cystadleuwyr at reol iaith yr Eisteddfod. Rhaid bod cyfiawnhâd artistig pendant dros ddefnyddio iaith ar wahân i'r Gymraeg mewn detholiadau a chystadlaethau hunanddewisiad, ac ni ddylai fod yn ormodol

4. **Deunydd Enllibus**

   Ni chaniateir cynnwys unrhyw ddeunydd enllibus nac unrhyw ddefnydd o iaith anweddus, a allai beri tramgwydd i eraill, mewn unrhyw ddetholiadau neu gystadlaethau hunanddewisiad neu gyflwyniad byrfyfyr

5. **Hawlfraint**

   Cyfrifoldeb corau, partïon, grwpiau neu unigolion yw sicrhau hawlfraint unrhyw ddarnau hunanddewisiad. Rhaid nodi hyn ar y ffurflen gystadlu. Ceir canllawiau a chyfarwyddiadau pellach yn yr adran 'Cystadlu' ar wefan yr Eisteddfod

6. **Oedran**

   Rhaid i'r cystadleuydd fod o fewn cwmpas oedran y gystadleuaeth ar 31 Awst 2023

7. **Copïau**

   Mae hi'n anghyfreithlon gwneud copïau ychwanegol eich hun o gerddoriaeth, barddoniaeth neu unrhyw waith sydd wedi'i gyhoeddi

8. **Rhagwrandawiadau**

   Ni fydd rhagwrandawiad yn cael ei drefnu fel arfer os na fydd mwy na 6 grŵp yn cystadlu. Er hyn, bydd gan y Trefnydd yr hawl i alw rhagwrandawiad cyn y prawf terfynol yn ôl yr angen mewn eithriadau. Bydd gan y beirniaid yr hawl i atal grŵp/grwpiau rhag mynd i'r llwyfan

130.
CÔR LLEFARU DROS 16 MEWN NIFER

Naill ai:
Detholiad o addasiad heb fod yn hwy na 6 munud o 'Cilfachau', Guto Dafydd *[Swyddfa'r Eisteddfod]*
Neu:
Ddetholiad heb fod yn hwy na 6 munud o weithiau Gerallt Lloyd Owen. Rhaid cynnwys 'Cywydd Croeso Eisteddfod Genedlaethol Eryri a'r Cyffiniau 2005' *[Swyddfa'r Eisteddfod]* fel rhan o'r cyflwyniad (ni ddylid llefaru teitl y cywydd).
(Gweler Amodau Arbennig 1 a 5)

Gwobrau:
1. Cwpan Rhys Bowen i'w ddal am flwyddyn a £500 (Genod Llŷn)
2. £300 (Lleisiau Cafflogion)
3. £200 (Anna er cof am Dafydd a Lora Jones a Catrin Dafydd, Y Daflod, Abersoch)

131.
PARTI LLEFARU HYD AT 16 MEWN NIFER

'Yma Wyf Inna' i Fod', Meirion MacIntyre Huws *[Swyddfa'r Eisteddfod]*

Gwobrau:
1. Cwpan Lleisiau Llifon i'w ddal am flwyddyn a £300 (Iola a Geraint Lloyd Owen, Bontnewydd)
2. £200
3. £100
   (£300 Madge a Gwilym Huws, Mynytho)

132.
GWOBR GOFFA LLWYD O'R BRYN 21 OED A THROSODD

Cyflwyno 'Porth Ceiriad', Elwyn Roberts *[Swyddfa'r Eisteddfod]*, ynghyd â darn(au) hunanddewisiad hyd at 6 munud o hyd. Gellir cyflwyno'r soned osod ar ddechrau neu ar ddiwedd y perfformiad, neu ei phlethu gyda'r darn(au) hunanddewisiad
(Gweler Amodau Arbennig 1 a 5)

Gwobr:
Medal Goffa Llwyd o'r Bryn (Teulu Hendre, Efailnewydd er cof am Huw a Neli Williams) a £300 (Rhian Parry a'r teulu, Crugeran, Sarn Mellteyrn)

133.
LLEFARU UNIGOL 21 OED A THROSODD

Naill ai:
Detholiad penodol *o Pantywennol*, Ruth Richards *[Swyddfa'r Eisteddfod]*
Neu:
'Croesi Traeth', Gwyn Thomas, *Croesi Traeth [Gwasg Gee]*

Gwobrau:
1. £100
2. £60
3. £40
   (£200 Meirion Williams, Llanelli er cof am ei briod, Ann)

134.
GWÊD DI A D'EUD DI

Perfformiad o gerdd/gerddi neu ddarn/ddarnau o ryddiaith neu rap neu 'rant', monolog neu ba bynnag arddull sy'n eich tanio chi, hyd at 5 munud o hyd ar y thema "Cartref".
Gall fod yn berfformiad o'ch gwaith chi eich hun neu o waith neu weithiau rhywun arall neu rywrai eraill. Cewch fod yn greadigol drwy wneud defnydd o ddarluniau, cerddoriaeth, technegau ffilmio a golygu, neu ba bynnag dechnoleg sy'n ychwanegu at eich geiriau, ond rhaid i'r pwyslais fod ar y gair llafar a'i berthynas gyda'ch gweledigaeth a'ch dehongliad chi o'r thema.

Amod Arbennig: Caniateir ffilmio mewn gwahanol leoliadau o fewn y perfformiad a golygu fel y gwelir yn briodol, boed hynny drwy ddefnyddio meddalwedd broffesiynol neu 'app' ffôn. Rhaid uwchlwytho copi i'r porth cystadlu erbyn diwedd Mehefin

Gwobrau:
1. £100 (Annwen ac Elis Jones, Caernarfon)
2. £60 (Cyfaill i'r Eisteddfod, Caeathro, Bontnewydd)
3. £40 (Cyfaill i'r Eisteddfod, Caernarfon)

Beirniad: Ffion Dafis

135.
Y RHUBAN GLAS IEUENCTID: GWOBR GOFFA GWYNETH MORUS JONES: LLEFARU UNIGOL 16 AC O DAN 21 OED

Cyflwyno **naill ai** 'Cofeb Pen-yr-orsedd' **neu** 'Dy Hanner di o'r Byd', Karen Owen, *Dedwydd a Diriaid* (hunan-gyhoeddiad) ynghyd â darn(au) hunanddewisiad. Ni ddylai'r perfformiad cyfan, yn cynnwys y darn gosod, fod yn hwy na 5 munud. Gellir cyflwyno'r darn gosod ar ddechrau neu ar ddiwedd y perfformiad, neu ei blethu gyda'r darn(au) hunanddewisiad

Gwobrau:
1. Medal Goffa Gwyneth Morus Jones a £75
2. £50
3. £25
   (£150 Hugh ac Enid Evans, Efailnewydd, Pwllheli)

136.
LLEFARU UNIGOL 12 AC O DAN 16 OED

'Y Ffowntan ar y Maes', Angharad Price a Richard Outram, *Trysorau Cudd Caernarfon [Gwasg Carreg Gwalch]*

Gwobrau:
1. £60
2. £30
3. £20
   (£110 Er cof am Dr Gwion Rhys, Meddygfa Nefyn gan ei deulu)

137.
LLEFARU UNIGOL O DAN 12 OED

Detholiad penodol o 'Siôn Blewyn Coch', *Llyfr Mawr y Plant [Swyddfa'r Eisteddfod]*

Gwobrau:
1. £50
2. £25
3. £15
   (£90 Er cof am y diweddar Mrs Doreen Batten [Williams gynt], gynt o Arosfa, Llanwrtyd ac yn ddiweddarach o Lundain a Dorset)

138.
LLEFARU UNIGOL O'R YSGRYTHUR 16 OED A THROSODD

Matthew 26, adnodau 36-46: 'Y Weddi yn Gethsemane'
Caniateir defnyddio **unrhyw** fersiwn o'r Beibl gan gynnwys beibl.net

Gwobrau:
1. £75
2. £50
3. £25
   (£150 Er cof am Y Parch. Meirion Lloyd Davies gan ei deulu)

139.
LLEFARU UNIGOL O'R YSGRYTHUR O DAN 16 OED

Luc 2, adnodau 41-52: 'Y Bachgen Iesu yn y Deml'

*Y Beibl Cymraeg Newydd 1988 / 2004 **neu** beibl.net*

Gwobrau:
1. £60 (Siân Teifi, Llanfaglan, Caernarfon er cof am ei thad, John Elfed Davies, Ceredigion)
2. £30 (Carys Bowen, Nebo, Pen-y-groes er cof am Mrs Kitty Thomas, Treparcau, Pen-y-bont, Sir Gâr)
3. £20 (Rhian a Gwyn Parry Williams, Chwilog)

CYMDEITHAS EISTEDDFODAU CYMRU

140.
PERFFORMIO DARN DIGRI AGORED HEB FOD YN HWY NA 4 MUNUD O HYD

Gellir dewis barddoniaeth neu ryddiaith sydd eisoes wedi eu cyhoeddi, neu gellir cyflwyno darn gwreiddiol (rhestr awduron darnau digri ar gael ar wefan Cymdeithas Eisteddfodau Cymru – www.steddfota.org)

Disgwylir i'r iaith fod yn weddus. Dylai'r pwyslais fod ar gyfleu a throsglwyddo hiwmor y darn. Caniateir defnyddio props os yw hynny'n ychwanegu at y perfformiad.

Bydd ennill gwobr (1af, 2il neu 3ydd) mewn dwy eisteddfod leol rhwng Eisteddfod Genedlaethol 2022 a diwedd Gorffennaf 2023 yn rhoi'r hawl i gystadlu yn Eisteddfod Genedlaethol 2023.

Noder: Derbynnir ennill mewn Eisteddfodau Cylch a Sir yr Urdd yn ogystal ag Eisteddfod Sir y Ffermwyr Ifanc fel 'eisteddfod leol'

Gwobrau:
1. £100 (Hywel a Meirwen Jones, Mynytho)
2. £60 (Marnel Thomas, Dinas, Pwllheli)
3. £40 (Cwmni THR, Y Felinheli)

Ysgoloriaeth Cymdeithas Eisteddfodau Cymru

Cynigir Ysgoloriaeth gwerth £500 (Strain a'i Gwmni, Cyfreithwyr, Pwllheli) yn flynyddol i alluogi'r enillydd i dderbyn hyfforddiant pellach ym maes perfformio ar lwyfan eisteddfodol.

Ni chaniateir ennill yr ysgoloriaeth fwy nag unwaith

Swyddog Datblygu:
Aled Wyn Phillips
www.steddfota.org

[122].
PERFFORMIAD GWREIDDIOL:

Beth am gynnau tân ...' **neu** 'Meini'

Rhaid cynnwys o leiaf dair elfen o blith y pump a nodir, sef alawon gwerin traddodiadol, cerdd dant, dawns, drama a llefaru i greu perffformiad dychmygus. Ni ddylai'r cyflwyniad fod yn hwy na 10 munud, yn cynnwys paratoi a chlirio'r llwyfan. Caniateir defnyddio symudiadau, gwisgoedd a mân offer llwyfan. Dylid uwchlwytho braslun o'r sgript erbyn diwedd Mehefin. (Gwelir y gystadleuaeth hefyd yn adrannau Cerdd Dant, Dawns, Gwerin a Theatr)

Gwobrau:
1. Tlws Parti'r Ffynnon i'w ddal am flwyddyn a £350 (Teulu Tegfan, Llanbedrog)
2. £250 (Gŵyl Pen Draw'r Byd, Aberdaron)
3. £150 (Er cof am Alun Bontddu)

Beirniaid:
Linda'r Hafod, Geraint Hughes, Tudur Dylan Jones, Siân Mair

LLENYDDIAETH

AMODAU ARBENNIG

1. **Cystadlu**

   Rhaid i bob ymgeisydd ymgeisio drwy wefan yr Eisteddfod, gan uwchlwytho gwaith wrth gwblhau'r broses gofrestru. Nid oes angen anfon copïau caled. Dylid cysylltu â cystadlu@eisteddfod.cymru gydag unrhyw ymholiadau.

2. **Cyfyngiadau**

   (i) Ni chaniateir anfon yr un gwaith yn ei hanfod i fwy nag un gystadleuaeth.

   (ii) Ni chaniateir anfon unrhyw waith at gyhoeddwr hyd nes y bydd y feirniadaeth wedi'i chyhoeddi yng nghyfrol y Cyfansoddiadau a Beirniadaethau yn ystod wythnos yr Eisteddfod.

3. **Rheol Iaith**

   (i) Ni dderbynnir gwaith sy'n defnyddio deunydd neu gyfeiriad enllibus.

   (ii) Tynnir sylw'r cystadleuwyr at Reol Iaith yr Eisteddfod – Gweler amod 11 (ii) Rheolau ac Amodau Cyffredinol.

4. **Gwobr Goffa Daniel Owen 2023**

   Y cyfansoddiadau i fod yn llaw'r Trefnydd erbyn 1 Hydref 2022. Gellir anfon y cyfansoddiadau hyn drwy'r post i Swyddfa'r Eisteddfod. Dylid cysylltu â cystadlu@eisteddfod.cymru gydag unrhyw ymholiadau. Bydd rhaid uwchlwytho ceisiadau Gwobr Goffa Daniel Owen 2024 i'r wefan.

6. **Y Fedal Ryddiaith 2023**

   Y cyfansoddiadau i fod yn llaw'r Trefnydd erbyn 1 Rhagfyr 2022. Gellir anfon y cyfansoddiadau hyn drwy'r post i Swyddfa'r Eisteddfod. Dylid cysylltu â cystadlu@eisteddfod.cymru gydag unrhyw ymholiadau. Bydd rhaid uwchlwytho ceisiadau Y Fedal Ryddiaith 2024 i'r wefan.

7. **Ymrwymiadau**

   Os oes gan gystadleuydd ymrwymiad fel awdur gyda chyhoeddwr arbennig, rhaid iddynt roi enw'r cyhoeddwr, ynghyd â'u henw a manylion cyswllt wrth gofrestru.

8. **Cystadleuaeth y Goron**

   Cystadleuaeth ar gyfer cerdd neu gerddi ar y mesurau rhydd neu benrhydd yw cystadleuaeth y goron ac ni chaniateir cerddi ar y mesurau caeth traddodiadol. Ni chaniateir ond defnydd achlysurol iawn o'r gynghanedd yn y gystadleuaeth.

BARDDONIAETH

141.
AWDL NEU GASGLIAD O GERDDI

mewn cynghanedd gyflawn ar fwy nag un o'r mesurau traddodiadol, hyd at 250 o linellau: Llif

Gwobr: Cadair yr Eisteddfod (Er cof am Dafydd Orwig, addysgwr, arloeswr, a chyn-Gadeirydd Cyngor Sir Gwynedd gan Beryl a'r hogia, Huw, Guto ac Owain) a £750 (Er cof am Dafydd Orwig, gan ei ferched-yng-nghyfraith, Siân Teifi, Sharon a Non Llywelyn)

Beirniaid: Karen Owen, Cathryn Charnell-White, Rhys Iorwerth

142.
PRYDDEST NEU GASGLIAD O GERDDI

heb fod mewn cynghanedd, hyd at 250 o linellau: Rhyddid
(Gweler amod arbennig 8 uchod)

Gwobr: Coron yr Eisteddfod (Undeb Amaethwyr Cymru) a £750 (Teulu Bryn Bodfel, Rhydyclafdy, Pwllheli)

Beirniaid: Jason Walford Davies, Marged Haycock, Elinor Wyn Reynolds

143.
CYFANSODDI 3 CERDD HEB EU CYHOEDDI NA'U DARLLEDU: AGORED

Bydd cyfle i'r rhai sy'n dod i'r dosbarth cyntaf eu darllen yn y Babell Lên mewn sesiwn arbennig gyda'r beirniaid cyn Rownd Derfynol y Talwrn ar Sadwrn cyntaf yr Eisteddfod

Gwobr: £100 (Gwasg Carreg Gwalch, Llwyndyrys, Pwllheli)

Beirniaid: Mari George, Osian Rhys Jones

144.
ENGLYN UNODL UNION: YNYS

Gwobr: Tlws Coffa Dic yr Hendre i'w ddal am flwyddyn a £100 (Marian Lacey er cof am ei thad, RJ Penmorfa)

Beirniad: Peredur Lynch

145.
CERDD GAETH HEB FOD DROS 30 O LINELLAU: MUR NEU MURIAU

Gwobr: £100 (Gwobr Goffa Islwyn Jones)

Beirniad: Eurig Salisbury

146.
TELYNEG: NEB

Gwobr: £100 (Er cof am Dafydd Tudur gan Esyllt a Gareth, Rhandir, Morfa Nefyn)

Beirniad: Siân Northey

147.
SIANTI: AGORED

Gwobr: £100 (Amgueddfa Forwrol Llŷn)

148.
SONED: FFENESTR NEU FFENESTRI

Gwobr: £100 (Madge a Gwilym Huws, Mynytho)

Beirniad: Llŷr Gwyn Lewis

149.
TAIR CERDD I BLANT: AGORED

Gwobr: £100 (Anni Llŷn, Garnfadryn)

Beirniad: Tudur Dylan Jones

150.
GEIRIAU CÂN YN Y DULL CANU GWLAD: AGORED

Gwobr: £100 (Er cof am Margaret Cynfi, cyn-athrawes Ysgol Botwnnog gan ei theulu)

Beirniad: John ac Alun

151.
TAIR O GERDDI BYRION YSGAFN: AGORED

Gwobr: £100 (Madge a Gwilym Huws, Mynytho)

Beirniad: Gwennan Evans

[124].
CYSTADLEUAETH TLWS SBARDUN

Cân werinol ac acwstig ei naws. Rhaid i'r gerddoriaeth a'r geiriau fod yn wreiddiol.
Caniateir cywaith. Dylid uwchlwytho'r gân ar ffurf MP3 ynghyd â chopi o'r geiriau.
Perfformir y gân fuddugol yn ystod seremoni cyhoeddi'r enillydd yn yr Eisteddfod.

Gwobr: Tlws Alun Sbardun Huws i'w ddal am flwyddyn a £500 (Gwenno Huws)

Beirniaid: Lisa Jên, Sioned Mair

RHYDDIAITH

152.
GWOBR GOFFA DANIEL OWEN 2023

Nofel heb ei chyhoeddi gyda llinyn storïol cryf a heb fod yn llai na 50,000 o eiriau

Dyddiad cau: 1 Hydref 2022

Gwobr: Medal Goffa Daniel Owen a £5,000 (Grŵp Cynefin)

Beirniaid: Mared Lewis, Dewi Prysor, Sioned Wiliam

153.
GWOBR GOFFA DANIEL OWEN 2024

Nofel heb ei chyhoeddi gyda llinyn storïol cryf a heb fod yn llai na 50,000 o eiriau

Dyddiad cau: 1 Hydref 2023

Gwobr: Medal Goffa Daniel Owen a £5,000

Beirniaid: Catrin Beard, Jerry Hunter, Marlyn Samuel

154.
Y FEDAL RYDDIAITH 2023

Cyfrol o ryddiaith greadigol heb fod dros 40,000 o eiriau: **Porth**

Dyddiad cau: 1 Rhagfyr 2022

Gwobr: Y Fedal Ryddiaith a £750 (Er cof am Robyn a Gwenan Léwis gan y teulu)

Beirniaid: Menna Baines, Lleucu Roberts, Ion Thomas

155.
Y FEDAL RYDDIAITH 2024

Cyfrol o ryddiaith greadigol heb fod dros 40,000 o eiriau: **Newid**

Dyddiad cau: 1 Rhagfyr 2023

Gwobr: Y Fedal Ryddiaith a £750

Beirniaid: Annes Glynn, John Roberts

156.
YSGOLORIAETH FENTORA EMYR FEDDYG

Er cof am Dr Emyr Wyn Jones, Cymrawd yr Eisteddfod

Sefydlwyd yr ysgoloriaeth flynyddol hon i gynnig hyfforddiant i lenor neu fardd na chyhoeddwyd cyfrol o'i (g)waith eisoes. Ar gyfer Eisteddfod 2023 fe'i cynigir i lenor. Gofynnir i'r cystadleuwyr uwchlwytho darn neu ddarnau o ryddiaith hyd at gyfanswm o 3,000 o eiriau ar un o'r ffurfiau canlynol: pennod agoriadol nofel a braslun o nofel pe dymunir, straeon byrion neu ysgrifau. Rhaid i'r darnau fod yn waith gwreiddiol a newydd gan yr awdur

Gwobr: Cynigir gwobr o £100 ynghyd â'r mentora. Bydd yr enillydd yn cael prentisiaeth yng nghwmni mentor profiadol a ddewisir ar y cyd gan yr enillydd a'r Eisteddfod. Mae cyfanswm o £1,000 ar gael ar gyfer y mentora; yn ogystal â thâl i'r mentor, gellir cyfrannu tuag at gostau teithio ac unrhyw gostau eraill perthnasol i'r hyfforddiant o'r swm hwn. Ni all unrhyw un dderbyn yr ysgoloriaeth fwy nag unwaith.

Beirniad: Catrin Beard

157.
GWOBR STORI FER TONY BIANCHI

hyd at 3,000 o eiriau: **Pris**

Gwobr: Tlws a £200 (Gwobr Tony Bianchi)

Beirniad: Eleri Llewelyn Morris

158.
STORI FER FFRAETH

hyd at 3,000 o eiriau: **Cathod**

Gwobr: £200 (Er cof am Wyn Roberts gan Megan, Manon ac Elwyn)

Beirniad: Harri Parri

159.
CASGLIAD O 9 DARN O LÊN MEICRO

Drysau

Gwobr: £200 (Clwb y Castell, Caernarfon)

Beirniad: Robin Llywelyn

160.
YSGRIF

hyd at 2,000 o eiriau: **Chwyrnu**

Gwobr: £200 (Er cof am John Henry Jones ac Elsbeth Pierce Jones, Botacho Wyn, Nefyn)

Beirniad: Grug Muse

161.
ERTHYGL

hyd at 2,000 o eiriau: **Y Dyfodol**

Gwobr: £200 (Bryn Hughes Parry er cof am ei hen ewythr, Syr David Hughes Parry)

Beirniad: Sioned Puw Rowlands

162.
CYNLLUN A RHAN GYNTAF NOFEL AR GYFER POBL IFANC NAD YDYNT YN ARFER DARLLEN / HOFF O DDARLLEN: AGORED

Gwobr: £200 (Clwb y Bont, Pwllheli)

Beirniad: Leusa Llewelyn a Phanel o bobl ifanc

163.
SGRIPT I EITEM PODLEDIAD HYD AT 10 MUNUD: AGORED

Gwobr: £200 (Y Ffynnon, Papur Bro Eifionydd)

Beirniad: Mali Ann Rees

164.
TLWS YR IFANC I RAI O DAN 25 OED

(mewn ymgynghoriad â Chymdeithas Eisteddfodau Cymru)
Darn o farddoniaeth neu ryddiaith ar unrhyw ffurf, hyd at 2,000 o eiriau. Bydd gofyn i'r beirniad argymell hyd at 3 darn o waith haeddiannol (rhaid cynnwys yr enillydd), i'w gynnig i Gymdeithas Eisteddfodau Cymru ar gyfer y gystadleuaeth hon. Penodir dau feirniad yn y Genedlaethol i wobrwyo'r gwaith gorau – Tlws yr Ifanc.

Dyfernir gwaith o Eisteddfodau lleol Cymru rhwng 1 Ebrill 2022 a 31 Mawrth 2023

Gwobr: £200 (Clwb Eryri er cof am y diweddar Geraint Elis)

Beirniaid: Mared Llywelyn, Gareth Evans-Jones

165.
CYSTADLEUAETH I RAI SYDD WEDI BYW YN Y WLADFA AR HYD EU HOES AC SY'N DAL I FYW YN YR ARIANNIN

Pe bawn i yn artist...

Gwobr: £200 (Gwobr Goffa Shân Emlyn gan ei merched, Elin Edwards a Mari Emlyn)

Beirniad: Jon Gower

[126].
ERTHYGL AR UNRHYW AGWEDD O FYD NATUR YN ADDAS AR GYFER EI CHYHOEDDI YN Y *NATURIAETHWR*

Anogir y defnydd o dablau, diagramau a lluniau amrywiol. Sylwer y dylid cydnabod gwaith awduron eraill lle bo'n briodol. Ystyrir cyhoeddi'r gwaith sy'n cael ei gymeradwyo gan y beirniad yn *Y Naturiaethwr*. Gweler 'Canllawiau i awduron': cymdeithasedwardllwyd.cymru/canllawiau

Gwobr: £200 (Cymdeithas Edward Llwyd)

YMRYSON Y BEIRDD

1. £200 (Siân, Harri a Gwenan, Isallt, Llanaelhaearn er cof am eu rhieni, Bob (RH) a Morfudd Llwyd Jones ynghyd a'u Taid a'u Nain, Rolant o Fôn a'i ddiweddar wraig, Mrs Jennie Rolant Jones)
2. £150 (Gareth a Bethan Owen, Pencaenewydd er cof am Meirion ac Edith Parry a'u mab Ceredig Parry, Fron Olau Isaf, Rhoslan)
3. £100 (Alwen a Twm Prys Jones, Llangybi)

Yr Englyn Cywaith Gorau:
Cyflwynir Tlws T Arfon Williams a £100 (Gan deulu y diweddar T Arfon Williams)

Englyn y Dydd:
£30 y dydd (£120 Dylan, er cof am ei dad DJ Jones Llanbedrog, ei fam Ella a'i frawd Dewi Llewelyn)

Limrig y Dydd:
£20 y dydd (£80 Er cof am Pat Neill)

THEATR

AMODAU ARBENNIG

1. Cyfansoddi

Ni ddylid danfon yr un ddrama i fwy nag un gystadleuaeth.

(i) Rhaid i'r cyfansoddiadau a'r cystadlu fod yn Gymraeg ac eithrio lle nodir yn wahanol o dan unrhyw gystadleuaeth unigol.

(ii) Dylai unrhyw ddefnydd o iaith ar wahân i'r Gymraeg fod yn brin iawn, boed hynny yn y testun, yn y ddeialog neu mewn unrhyw seiniau neu gerddoriaeth gefndirol wrth lunio gwaith i'w berfformio'n gyhoeddus.

(iii) Ni chaniateir gor-ddefnydd o iaith anweddus

(iv) Rhaid i bob cais gael ei uwchlwytho i'r porth cystadlu ar wefan yr Eisteddfod erbyn y dyddiad cau,   1 Ebrill.

2. Actio drama

(i) Yn y gystadleuaeth actio drama, bydd y beirniaid yn ystyried y dewis o ddrama yn ogystal â'r perfformiad ohoni.

(ii) Rhaid i bob cwmni sydd am gystadlu gofrestru ar-lein erbyn 1 Mawrth 2023, oni nodir yn wahanol. Hefyd, rhaid uwchlwytho copi electronig o'r ddrama fel y bwriedir ei pherfformio neu fraslun manwl o'r cyflwyniad os yn waith dyfeisiedig, gyda'r cais. Rhaid cynnal y rhagbrofion yn yr ardal a ddewisir gan y cwmnïau erbyn 18 Mai 2023.

(iii) Os yn perfformio drama, rhaid i'r ddrama fod naill ai'n ddrama un act gyflawn neu'n ddetholiad o ddrama hir neu'n waith dyfeisiedig. Mae'n rhaid i'r detholiad fod yn dddealladwy i unrhyw aelod o'r gynulleidfa sy'n anghyfarwydd â'r ddrama wreiddiol a fu'n sail i'r detholiad.

Ni chaniateir unrhyw ragarweiniad i'r detholiad, drwy araith na chrynodeb wedi'i argraffu.

(iv) Ni ddylai'r perfformiad fod yn llai nag 20 munud o hyd nac yn hwy na 50 munud. Mae 'amser perffformio' yn cynnwys unrhyw amser sydd ei angen i newid golygfa yn ystod perfformiad.

(v) Rhaid i'r ddrama gynnwys o leiaf ddau gymeriad.

(vi) Rhaid i unrhyw gwmni sydd wedi'i ddewis ar gyfer y prawf terfynol, ond sy'n tynnu'n ôl heb reswm digonol ym marn y Pwyllgor Theatr lleol, hysbysu'r Trefnydd o leiaf fis cyn diwrnod y gystadleuaeth neu dalu'r swm o £100.

(vii) Traddodir beirniadaeth gryno ar ddiwedd pob rhagbrawf ac ar ddiwedd y prawf terfynol.

(viii) Rhaid i'r cwmnïau sicrhau'r hawl i berfformio, a rhaid uwchlwytho copi o'r drwydded gyda'r ffurflen gais.

(ix) Cyfrennir yn ariannol hyd at £250 tuag at gostau cynhyrchu a theithio'r cwmnïau a wahoddir yn ystod wythnos yr Eisteddfod. Bydd angen gwneud cais ysgrifenedig gydag anfoneb o'r costau i Swyddfa'r Eisteddfod erbyn 1 Medi yn dilyn yr Ŵyl.

(x) Caniateir 10 munud i osod y llwyfan a 5 munud i glirio'r llwyfan.

3. Cystadlaethau actio - Richard Burton, Deialog a'r Monologau

(i) Rhaid i gopi electronig o'r sgriptiau a ddefnyddir gael eu huwchlwytho i wefan yr Eisteddfod erbyn diwedd Mehefin.

(ii) Cyfrifoldeb cystadleuwyr yw sicrhau hawlfraint y darnau. Rhaid nodi hyn ar y ffurflen gystadlu. Ceir canllawiau a chyfarwyddiadau pellach yn adran 'Cystadlu' ar wefan yr Eisteddfod.

(iii) Rhaid dechrau a diweddu'r perffformiad gyda llwyfan gwag. Amserir y perfformiad o'r funud y dechreuir gosod y llwyfan hyd at y llwyfan gwag ar ôl y cyflwyniad.

(iv) Caniateir propiau a dodrefn syml, gwisg a cherddoriaeth. Y cystadleuwyr eu hunain a ddylai osod a chlirio'r llwyfan oni bai am achosion eithriadol a fyddai'n caniatáu i'r rheolwyr llwyfan swyddogol wneud hyn.

(v) Tynnir sylw'r cystadleuwyr at reol iaith yr Eisteddfod. Rhaid bod cyfiawnhad artistig pendant dros ddefnyddio iaith ar wahân i'r Gymraeg mewn detholiadau a chystadlaethau hunanddewisiad ac ni ddylai fod yn ormodol.

(vi) Ni chaniateir cynnwys unrhyw ddeunydd enllibus nac unrhyw ddefnydd o iaith anweddus, a allai beri tramgwydd i eraill, mewn unrhyw ddetholiadau neu gystadlaethau hunanddewisiad neu gyflwyniad byrfyfyr

4. Oedran

Rhaid i'r cystadleuydd fod o fewn cwmpas oedran y gystadleuaeth ar 31 Awst 2023.

5. Copïau

Mae hi'n anghyfreithlon gwneud copïau ychwanegol eich hun o gerddoriaeth, barddoniaeth neu unrhyw waith sydd wedi'i gyhoeddi.

DS Dylech sicrhau eich bod wedi darllen y Rheolau ac Amodau Cyffredinol yng nghefn y Rhestr Testunau cyn cystadlu.

ACTIO

166.
ACTIO DRAMA NEU WAITH DYFEISIEDIG

Bydd y gystadleuaeth derfynol yn cael ei chynnal yn y Theatr ar faes yr Eisteddfod yn ystod y dydd dros nifer o ddyddiau. Rhaid cynnal y rhagbrofion erbyn 18 Mai 2023.

Gwobrau:
1. Cwpan Gwynfor i'w ddal am flwyddyn a £500 (Cwmni Drama Llwyndyrus)
2. £300 (John Dilwyn a Nerys Williams, Pen-y-groes)
3. £200 (M Evans, Pwllheli er cof am ei gŵr, JO Evans)

Beirniaid: Tony Llewelyn Roberts, Mari Emlyn

167.
ACTOR GORAU CYSTADLEUAETH 166

Gwobr: Cwpan Bro Dinefwr i'w ddal am flwyddyn a £100 (Richard a Mair Parry a'r teulu, Gwindy Llecheiddior, Garndolbenmaen)

168.
CYFARWYDDWR GORAU CYSTADLEUAETH 166

Gwobr: £100 (Ken Hughes, Pentrefelin er cof am ei fam a'i frawd)

169.
GWOBR RICHARD BURTON 19 OED A THROSODD

Unrhyw ddwy fonolog o ddrama/ddramâu neu ryddiaith addas. Caniateir 8 munud ar gyfer y cyflwyniad cyfan sy'n cynnwys paratoi a chlirio'r llwyfan. Rhaid i un o'r monologau fod allan o ddrama Gymraeg. Caniateir un darn gwreiddiol os dymunir ond rhaid i'r ddau ddarn fod yn **wrthgyferbyniol.**

Gweler Amodau Arbennig 3, 4 a 5 yr adran hon

Gwobr: Medal Richard Burton (Rhodd gan y teulu i gofio am Heddwel Pierce Jones, Betws Fawr) a £500 (Antur Aelhaearn)

Beirniaid: Nia Wyn Skyrme, Owain Arthur

[43].
UNAWD O SIOE GERDD 19 OED A THROSODD – CÂN ALLAN O SIOE GERDD GYMRAEG WREIDDIOL

Gellir defnyddio piano neu gyfeiliant addas neu drac cefndir, ond dylid cofio am anghenion technegol y llwyfan a'r rhagbrawf. Bydd y cystadleuwyr yn gyfrifol am eu cyfeilydd/ion eu hunain. Caniateir canu mewn unrhyw gyweirnod

Amser: heb fod yn hwy nag 8 munud

Gwobrau:
1. £100
2. £60
3. £40

Cynigir Ysgoloriaeth gwerth £1,000 rhoddedig gan Cwmni Anrhydeddus Lifrai Cymru i alluogi'r enillydd i gael hyfforddiant pellach. Ni all unrhyw un dderbyn yr un ysgoloriaeth fwy nag unwaith, ond gellir cystadlu fwy nag unwaith i ennill y gwobrau. Gweler Rheolau ac Amodau Cyffredinol, rhif 21.

[44].
YSGOLORIAETH GOFFA WILBERT LLOYD ROBERTS

Cynigir £600 o Ysgoloriaeth Goffa Wilbert Lloyd Roberts i'r cystadleuydd mwyaf addawol yn y gystadleuaeth Unawd o Sioe Gerdd i rai 19 oed a throsodd neu Gwobr Richard Burton er mwyn iddo/iddi ddatblygu gyrfa fel perfformiwr theatrig proffesiynol. Ni all unrhyw un dderbyn yr un ysgoloriaeth fwy nag unwaith, ond gellir cystadlu fwy nag unwaith i ennill y gwobrau. Gweler Rheolau ac Amodau Cyffredinol, rhif 21.

[45].
UNAWD O SIOE GERDD O DAN 19 – CÂN ALLAN O SIOE GERDD GYMRAEG WREIDDIOL

Gellir defnyddio piano neu gyfeiliant addas neu drac cefndir, ond dylid cofio am anghenion technegol y llwyfan a'r rhagbrawf. Bydd y cystadleuwyr yn gyfrifol am eu cyfeilydd/ion eu hunain. Caniateir canu mewn unrhyw gyweirnod

Amser: heb fod yn hwy na 5 munud

Gwobrau:
1. Tlws Derek Williams, Cwmni Theatr Maldwyn i'w ddal am flwyddyn a £75
2. £50
3. £25

Cynigir Ysgoloriaeth gwerth £1,000 rhoddedig gan Ymddiriedolaeth Elusennol Simon Gibson i alluogi'r enillydd i gael hyfforddiant pellach. Ni all unrhyw un dderbyn yr un ysgoloriaeth fwy nag unwaith, ond gellir cystadlu fwy nag unwaith i ennill y gwobrau. Gweler Rheolau ac Amodau Cyffredinol, rhif 21.

170.
DEIALOG (2–4 MEWN NIFER)

Detholiad o ddrama, rhyddiaith neu waith gwreiddiol. Caniateir hyd at 10 munud ar gyfer y cyflwyniad cyfan sy'n cynnwys paratoi a chlirio'r llwyfan

Gweler Amodau Arbennig 3, 4 a 5 yr adran hon

Gwobrau:
1. £150 (Er cof annwyl am W S Jones [Wil Sam] ac Elin gan Dora a Mair)
2. £100 (Teulu Bryn Efail Isaf, Garndolbenmaen)
3. £50 (Glenys Llewelyn, Caerdydd)

Beirniaid: Bedwyr Rees, Mali Ann Rees

171.
MONOLOG 16 AC O DAN 19 OED

Monolog o ddrama, rhyddiaith neu waith gwreiddiol. Caniateir hyd at 5 munud ar gyfer y cyflwyniad cyfan, gan gynnwys paratoi a chlirio'r llwyfan

Gweler Amodau Arbennig 3, 4 a 5 yr adran hon

Gwobrau:
1. £75 (Nia Plas)
2. £50
3. £25
   (£75 Staff Adran y Gymraeg Ysgol Botwnnog)

Beirniaid: Bedwyr Rees, Mali Ann Rees

172.
MONOLOG 12 AC O DAN 16 OED

Monolog o ddrama, rhyddiaith neu waith gwreiddiol. Caniateir hyd at 5 munud ar gyfer y cyflwyniad cyfan, gan gynnwys paratoi a chlirio'r llwyfan

Gweler Amodau Arbennig 3, 4 a 5 yr adran hon

Gwobrau:
1. £60
2. £30
3. £20
(£110 Pwyllgor Rhanbarth Arfon Plaid Cymru)

Beirniaid: Mali Ann Rees, Bedwyr Rees

[122].
PERFFORMIAD GWREIDDIOL:

Beth am gynnau tân …' **neu** 'Meini'

Rhaid cynnwys o leiaf dair elfen o blith y pump a nodir, sef alawon gwerin traddodiadol, cerdd dant, dawns, drama a llefaru i greu perffformiad dychmygus. Ni ddylai'r cyflwyniad fod yn hwy na 10 munud, yn cynnwys paratoi a chlirio'r llwyfan. Caniateir defnyddio symudiadau, gwisgoedd a mân offer llwyfan. Dylid uwchlwytho braslun o'r sgript erbyn diwedd Mehefin. (Gwelir y gystadleuaeth hefyd yn adrannau Cerdd Dant, Dawns, Gwerin a Llefaru)

Gwobrau:
1. Tlws Parti'r Ffynnon i'w ddal am flwyddyn a £350 (Teulu Tegfan, Llanbedrog)
2. £250 (Gŵyl Pen Draw'r Byd, Aberdaron)
3. £150 (Er cof am Alun Bontddu)

CYFANSODDI

173.
Y FEDAL DDRAMA

Cyfansoddi drama lwyfan heb unrhyw gyfyngiad o ran hyd
Gwobrwyir y ddrama sydd yn dangos yr addewid mwyaf ac sydd â photensial i'w datblygu ymhellach o gael cydweithio gyda chwmni proffesiynol.
** Gweler Amodau Arbennig 1 yr adran hon
Gwobr: Y Fedal Ddrama (Er cof am Urien ac Eiryth Wiliam, rhoddedig gan eu plant, Hywel, Sioned a Steffan) a £750 (Cronfa Goffa Huw Roberts, Pwllheli) Cyflwynir rhan o'r gwaith buddugol yn Seremoni'r Fedal Ddrama gyda chefnogaeth Cronfa Goffa JO Roberts

Beirniaid: Steffan Donnelly, Elgan Rhys, Seiriol Davies

Amodau Arbennig
1. Croesewir dramâu y gellir eu llwyfannu gyda chast o ddim mwy na thri perfformiwr.

2. Anogir cystadleuwyr i ystyried newydd-deb o ran ffurf ac/neu ymdriniaeth o themâu.

3. Pwysleisir mai cystadleuaeth cyfansoddi drama ar gyfer cyfrwng theatr yw hon ac nid unrhyw gyfrwng arall.

4. Ni dderbynnir unrhyw waith sy'n cynnwys deunydd neu gyfeiriad enllibus.

5. Gan fod hybu ysgrifennu newydd yn fwriad gan yr Eisteddfod, Theatr Genedlaethol Cymru, a'r cwmnïau theatr proffesiynol eraill fel ei gilydd, bydd sgript fuddugol, neu unrhyw sgript sydd yn dangos addewid yng ngolwg y beirniaid yng nghystadleuaeth Y Fedal Ddrama yn cael ei hanfon at Theatr Genedlaethol Cymru a fydd yn ei hanfon ymlaen, ar eu cais, i'r cwmnïau proffesiynol Cymraeg eraill. Lle bo hynny'n ymarferol bosib, cyflwynir y gwaith buddugol am y tro cyntaf fel rhan o raglen yr Eisteddfod Genedlaethol (gyda chefnogaeth Cronfa Goffa Hugh Griffith) gan Theatr Genedlaethol Cymru (gyda chefnogaeth Ystad Lenyddol Gwenlyn Parry) neu unrhyw gwmni theatr proffesiynol arall sy'n gwneud cais.

174.
GWOBR GOFFA MEIC POVEY I RAI O DAN 25 OED: CYFANSODDI DRAMA FER WREIDDIOL NEU ADDASIAD YN SEILIEDIG AR DDARN O LENYDDIAETH

Dylid cyfyngu nifer y perfformwyr i 4, er gellir cael mwy na 4 cymeriad. Dylid uwchlwytho copi o'r gwreiddiol gydag unrhyw waith addasu.

Gwobr: £200 (Gan y teulu er cof am WRP George, cyflogwr cyntaf Meic)

Bydd yr enillydd, trwy nawdd £300 Gwobr Goffa Meic Povey (gan Catrin a Llion, ei blant) yn cael cyfle i fynychu gweithdy diwrnod i gael darlleniad o'r gwaith gydag actorion proffesiynol.

Beirniad: Iola Ynyr

175.
TROSI UN O'R CANLYNOL I'R GYMRAEG

Mr Burns, Ann Washburn
Rhinoceros, Eugene Ionesco

Bydd y sgriptiau a gymeradwyir gan y beirniaid yn cael eu hanfon at CBAC a WAPA.

Gwobr: £400 (Er cof am Gruffudd a Kit Parry gan y teulu)
Beirniad: Geraint Løvgreen

176.
CYFANSODDI DWY FONOLOG GYFERBYNIOL

na chymer fwy na 10 munud i'w perfformio

Gwobr: £200 (Cyfeillion Amgueddfa Lloyd George)

Beirniad: Gareth Evans-Jones

177.
FFILM FER AR FFURF DDIGIDOL / FFILM FER YN CYNNWYS DEIALOG

hyd at 10 munud o hyd. Agored i unigolion neu grwpiau.

Ystyrir dangos y ffilm fuddugol yn yr Eisteddfod

Gwobr: £200 (Er cof am Iolo ap Robert gan Catrin a Robert Codd, Angharad, Sioned a'r teulu)

Beirniad: Elis Dafydd

BFI RHWYDWAITH Cymru: sesiwn fentora un-i-un i'r enillydd ar y cyfleoedd sydd ar gael yng Nghymru.

178.
GWOBR GOFFA GETHIN THOMAS

Cyfansoddi sgript gomedi i hyd at 6 chymeriad heb fod yn hwy na 30 munud

Bydd y sgript fuddugol, neu unrhyw sgript sy'n dangos addewid yn cael ei hanfon ymlaen i'r diwydiannau creadigol

Gwobr: £400 (TAC [Teledwyr Annibynnol Cymru])

Beirniad: Ciron Gruffydd

179.
ADOLYGIAD O GYNHYRCHIAD THEATRIG CYMRAEG

heb fod yn hwy na 1000 o eiriau

Gwobr: £200 (Cymdeithas Llanw Llŷn – Papur Bro Llŷn)

Beirniad: Gwilym Dwyfor

180.
SGRIPT 'STAND-YP'

na chymer fwy na 10 munud i'w pherfformio: Agored

Gwobr: £200 (Cylch Cinio Bangor a'r Cylch)

Beirniad: Sion Owens

RHEOLAU AC AMODAU CYFFREDINOL

1. **Cwmpas**

   Cynhelir pob cystadleuaeth yn yr Eisteddfod yn unol â'r Rheolau ac Amodau Cyffredinol hyn, yr Amodau Arbennig a geir ar gychwyn pob adran yn y Rhestr Testunau ac unrhyw amod a nodir mewn perthynas â chystadleuaeth unigol ('y Rheolau ac Amodau').

2. **Dehongliad**

   (i) Yng nghyd-destun y Rheolau ac Amodau, nodir isod ystyr y geiriau canlynol:
   - **Eisteddfod:** Eisteddfod Genedlaethol Cymru
   - **Cyngor:** Cyngor yr Eisteddfod
   - **Llys:** Llys yr Eisteddfod
   - **Pwyllgor Gwaith:** y Pwyllgor Gwaith lleol
   - **Swyddogion:** swyddogion penodol a benodir gan y Prif Weithredwr
   - **Yr Ŵyl:** yr Eisteddfod y cynhelir y gystadleuaeth ynddi

   (ii) Os bydd unrhyw wahaniaeth mewn ystyr rhwng y geiriad Cymraeg a'r geiriad Saesneg yn y Rheolau ac Amodau, y geiriad Cymraeg a gyfrifir yn eiriad swyddogol

3. **Recordiadau, Ffilmio a Darlledu**

   Rhybudd i berfformwyr ac i'r rhai sy'n cyfrannu at weithgareddau'r Eisteddfod:
   Y mae Llys yr Eisteddfod yn cadw'n eiddo'i hun yn unig yr hawl:

   (i) i wneud recordiadau o holl weithgareddau'r Eisteddfod neu unrhyw ran ohonynt, gan gynnwys gweithgareddau'r Orsedd ('y Gweithgareddau') ac unrhyw ddetholiad o unrhyw eitem lenyddol, gerddorol neu ddramatig a gyflwynir ('y Detholion');

   (ii) i wneud ffilmiau sinematograffig neu fath arall o'r Gweithgareddau a/neu'r Detholion;

   (iii) i ddarlledu'r Gweithgareddau a/neu'r Detholion, trwy gyfrwng radio sain, teledu, y rhyngrwyd, neu unrhyw gyfrwng arall boed yn hysbys ar hyn o bryd neu a ddyfeisir yn y dyfodol;

   (iv) i ddosbarthu ac i ymelwa ar y cyfryw recordiadau, ffilmiau a/neu ddarllediadau o'r Gweithgareddau a/neu'r Detholion mewn unrhyw fodd ac mewn neu drwy unrhyw gyfrwng sy'n hysbys ar hyn o bryd neu a ddyfeisir yn y dyfodol yn unol â'i ddisgresiwn llwyr ei hun o dro i dro;

   (v) i olygu yn unol â'i ddisgresiwn llwyr ei hun y recordiadau, darllediadau a/neu ffilmiau a wneir yn unol â pharagraffau (i) i (iv) uchod; ac

   (vi) i awdurdodi eraill yn unol â'i ddisgresiwn llwyr ei hun o dro i dro i recordio, ffilmio, darlledu, dosbarthu, olygu a/neu ymelwa fel y nodir ym mharagraffau (i) i (v) uchod ar y Gweithgareddau a/neu'r Detholion.

   I'r perwyl hynny mae cystadleuwyr yn ildio unrhyw hawliau moesol sydd ganddynt o dan Bennod IV Deddf Hawlfraint, Dyluniadau a Phatentau 1988 ac o dan unrhyw ddeddfau eraill sydd mewn grym yn y presennol neu yn y dyfodol yn unrhyw le yn y byd ac yn rhoi i'r Eisteddfod unrhyw ganiatâd angenrheidiol i ddefnyddio'u cyfraniadau at weithgareddau'r Eisteddfod.

4. **Hawlfraint Cyfansoddiadau**

   (i) Bydd yr awdur yn cadw yn eiddo iddo/iddi ei hun berchnogaeth yr hawlfraint ym mhob cyfansoddiad, ac unrhyw freindal perthnasol.

   (ii) Yn unol â'r amod yn y ffurflen gais a arwyddir gan bob cystadleuydd, bydd awdur y gwaith, yn gyfnewid am y gwasanaeth y bydd yr Eisteddfod yn ei roi drwy ei feirniadu, yn rhoi'r hawliau canlynol i'r Eisteddfod heb i'r Eisteddfod dalu unrhyw freindal neu daliad arall:

   (a) i gyhoeddi unrhyw gyfansoddiad am y tro cyntaf yn ystod wythnos yr Ŵyl neu o fewn tri mis i ddiwrnod olaf yr Ŵyl heb ymgynghori â'r awdur;

   (b) i ganiatáu i'r Eisteddfod ddefnyddio'r gwaith buddugol yn y dyfodol at ddibenion yr Eisteddfod, er enghraifft fel darnau prawf neu er mwyn hyrwyddo'r Eisteddfod, heb ymgynghori â'r awdur.

   (iii) Ymhellach bydd yn rhaid i awdur unrhyw waith a gyhoeddir gan yr Eisteddfod gydnabod cysylltiad y gwaith â'r Eisteddfod bob tro y'i defnyddir ganddo/ganddi/ganddynt fel perchennog yr hawlfraint ynddo.

   (iv) Bydd y beirniaid, ar ffurflen a roddir iddynt wrth, neu wedi iddynt dderbyn eu swydd, yn trosglwyddo i'r Llys yr hawlfraint ar eu beirniadaethau.

   (v) Bydd yr awdur yn rhoi'r hawl i Brif Weithredwr a/neu Drefnydd yr Eisteddfod agor yr amlen dan sêl os yw beirniad/beirniaid y gystadleuaeth neu olygydd cyfrol y Cyfansoddiadau a Beirniadaethau yn argymell cyhoeddi'r gwaith.

   (vi) O dan amgylchiadau arbennig, caniateir agor yr amlen dan sêl ar ôl cyfnod o hanner can mlynedd wedi'r Eisteddfod mewn ymgynghoriad â'r Llyfrgell Genedlaethol.

5. Cwyno a Gwrthwynebu

Ni ellir gwrthwynebu neu gwyno yn erbyn unrhyw ddyfarniad yn gyhoeddus yn yr Ŵyl, ond gellir cyflwyno cwyn ysgrifenedig i'r Trefnydd o fewn awr i'r dyfarniad terfynol mewn cystadleuaeth llwyfan neu mewn achos rhagbrawf, o fewn hanner awr i gyhoeddi dyfarniad y rhagbrawf, gydag enw a gwybodaeth cyswllt y sawl sy'n cwyno. Bydd y wobr yn cael ei hatal tan y bydd y mater wedi'i setlo.

6. Pwyllgor Apeliadau

(i) Bydd y Pwyllgor Apeliadau yn dyfarnu mewn unrhyw ddadl neu wahaniaeth barn ar unrhyw fater yn codi o'r Rheolau ac Amodau neu mewn unrhyw fater ynglŷn ag unrhyw gystadleuaeth.

(ii) Sail unrhyw apêl yw cyhuddiad bod amod cystadleuaeth unigol, amod gyffredinol, neu amod arbennig wedi'i thorri. Ni ellir apelio ar sail chwaeth neu ddehongliad beirniaid. Bydd penderfyniad y Pwyllgor Apeliadau yn derfynol.

(iii) Bydd y Pwyllgor Apeliadau yn cynnwys tri o swyddogion y Llys a thri o swyddogion y Pwyllgor Gwaith, ynghyd â chadeirydd neu is-gadeirydd y Cyngor yn gadeirydd ar y pwyllgor. Bydd tri aelod yn ffurfio cworwm.

7. Cyfyngiadau Beirniadu a Chystadlu

(i) Ni chaniateir i aelod neu gyn-aelod o'r Pwyllgor Gwaith nac o unrhyw un o'r is-bwyllgorau feirniadu yn yr Ŵyl gyfredol.

(ii) Ni chaiff beirniaid ar gystadlaethau llwyfan gystadlu ar unrhyw gystadleuaeth llwyfan arall ac eithrio y caniateir iddynt fod yn aelodau o gôr neu barti mewn adran nad ydynt yn beirniadu ynddi. Caniateir iddynt hefyd gystadlu mewn cystadlaethau cyfansoddi ym mhob adran. Gall beirniad cystadlaethau cyfansoddi gystadlu ym mhob cystadleuaeth gyfansoddi a llwyfan ac eithrio y gystadleuaeth (au) cyfansoddi y maent yn eu beirniadu.

(iii) Ni chaiff beirniad yn yr Ŵyl weithredu fel cynhyrchydd, arweinydd, hyfforddwr na gosodwr yn yr adran maent yn feirniad ynddi.

(iv) Ni chaniateir i gyfeilyddion swyddogol yr Ŵyl gystadlu yn y cystadlaethau y gwahoddwyd hwy i gyfeilio ynddynt.

(v) Ni chaiff unrhyw un sydd yn ddisgybl preifat i'r beirniad neu'n berthynas agos iddo/iddi gystadlu mewn unrhyw gystadleuaeth yn yr adran y bo'r beirniad hwnnw'n beirniadu arni.

(vi) Ni all neb gystadlu fwy nag unwaith yn yr un gystadleuaeth lwyfan.

8. Cofrestru i Gystadlu

Bydd y porth cystadlu'n agor ar-lein cyn dechrau blwyddyn yr Eisteddfod gyfredol.

9. Cyflwyno Cyfansoddiadau

(i) Rhaid uwchlwytho pob cyfansoddiad a thalu'r taliad cywir wrth gofrestru i gystadlu, drwy'r porth cystadlu erbyn 1 Ebrill cyn yr Ŵyl. Mae rhai cystadlaethau yn eithriad i'r rheol hon, sef:
• Gwobr Goffa Daniel Owen (1 Hydref)
• Y Fedal Ryddiaith (1 Rhagfyr)
• Cystadlaethau Y Lle Celf (1 Mawrth)
• Dysgwr y Flwyddyn (31 Mawrth)

(ii) Rhaid i bob cyfansoddiad nodi rhif a theitl y gystadleuaeth a ffugenw'r cystadleuydd yn unig.

(iii) Dylid uwchlwytho'r gwaith wrth gofrestru i gystadlu gan gynnwys y manylion isod yn ôl y gofyn:
    (a) Rhif a theitl y gystadleuaeth
    (b) Ffugenw
    (c) Enw llawn
    (ch) Rhif ffôn
    (d) Cyfeiriad a chyfeiriad e-bost y cystadleuydd
    (dd) Enw cyhoeddwr (os yn berthnasol)

10. Gwaith Gwreiddiol

(i) Rhaid i'r holl gyfansoddiadau a chynhyrchion a anfonir at yr Eisteddfod fod yn waith gwreiddiol a dilys y cystadleuydd (neu gystadleuwyr pan ganiateir cywaith). Ni chaniateir anfon gwaith sydd wedi'i wobrwyo o'r blaen yn yr Eisteddfod Genedlaethol na gwaith sydd wedi'i gyhoeddi yn rhannol nac yn gyfan mewn unrhyw gyfrwng.

(ii) Ni chaniateir anfon yr un gwaith yn ei hanfod i fwy nag un gystadleuaeth.

11. Iaith

(i) Rhaid i'r cyfansoddiadau a'r cystadlu fod yn Gymraeg ac eithrio lle nodir yn wahanol dan unrhyw gystadleuaeth unigol.

(ii) Rhaid bod cyfiawnhad artistig pendant dros ddefnyddio iaith ar wahân i'r Gymraeg mewn detholiadau a chystadlaethau hunanddewisiad llwyfan, ac ni ddylai fod yn ormodol. Yn achos y cystadlaethau cyfansoddi, dylai unrhyw ddefnydd o iaith ar wahân i'r Gymraeg fod yn brin iawn, boed hynny yn y testun, yn y ddeialog neu mewn unrhyw seiniau neu gerddoriaeth gefndirol wrth lunio gwaith i'w arddangos/berfformio'n gyhoeddus.

(iii) Ni chaniateir cynnwys unrhyw ddeunydd enllibus nac unrhyw ddefnydd o iaith anweddus a allai beri tramgwydd i eraill mewn unrhyw waith llwyfan neu gyfansoddi.

(iv) Ni dderbynnir gwaith sy'n cynnwys unrhyw ddeunydd neu gyfeiriad enllibus.

12. Hawl i Gystadlu

Mae cystadlaethau ac ysgoloriaethau'r Eisteddfod yn agored i unrhyw un:

- a anwyd yng Nghymru, neu
- y ganwyd un o'i r/rhieni yng Nghymru, neu
- sy'n siarad neu ysgrifennu Cymraeg, neu
- sydd wedi byw neu weithio yng Nghymru am flwyddyn cyn 31 Awst blwyddyn yr Ŵyl gyfredol, ac eithrio yn achos yr ysgoloriaethau offerynnol, ysgoloriaeth W Towyn Roberts, a gwobrau'r adran Celfyddydau Gweledol, lle mae'n ofynnol bod y cystadleuwyr wedi byw neu weithio yng Nghymru am 3 blynedd cyn 31 Awst blwyddyn yr Ŵyl gyfredol.

13. Cyfrifoldeb

Ni fydd yr Eisteddfod nag unrhyw un o'i swyddogion yn gyfrifol am unrhyw oedi, colled, niwed nac anhwylustod i unrhyw gystadleuydd neu gystadleuwyr, ond cymerir gofal ym mhob modd rhesymol am waith a anfonir i gystadlaethau'r Eisteddfod. Ni fydd yr Eisteddfod yn gyfrifol am unrhyw ddifrod neu anffawd i offerynnau.

14. Oedran

(i) Rhaid i'r cystadleuydd fod o fewn cwmpas oedran y gystadleuaeth ar 31 Awst blwyddyn yr Ŵyl gyfredol.

(ii) Os bydd dadl am oedran unrhyw gystadleuydd mewn cystadleuaeth gyfyngedig o ran oed, gall y Pwyllgor Apeliadau fynnu bod cystadleuydd yn dangos tystysgrif geni.

15. Cystadlaethau yn Ystod yr Ŵyl

(i) Cynhelir rhagbrofion pan fo angen, a chyhoeddir manylion lle ac amser yn y Rhaglen ac ar wefan yr Eisteddfod.

(ii) Nifer y cystadleuwyr ym mhob prawf terfynol fydd tri oni chaniateir nifer gwahanol gan y Trefnydd.

(iii) Penderfynir ar y drefn i gystadlu ym mhob cystadleuaeth gan y Trefnydd. Rhaid i'r ymgeiswyr gystadlu yn ôl y drefn hon yn y rhagbrawf a'r prawf terfynol.

(iv) Ni chaniateir ymyrryd â'r beirniaid nac â chystadleuwyr eraill ac ni chaiff y cystadleuwyr ddadlau na thrafod y gystadleuaeth gyda'r beirniaid.

(v) Os bydd gan gystadleuydd gŵyn, rhaid dilyn y drefn a osodir yn Rheol 5 a 6.

16. Beirniaid

(i) Mewn ymgynghoriad gyda'r swyddogion, bydd gan y Trefnydd yr hawl i:

(a) ddewis beirniad yn lle unrhyw un na all weithredu oherwydd salwch neu achos annisgwyl;

(b) ddewis beirniad ychwanegol os oes angen.

(ii) Darperir canllawiau llawn ar gyfer beirniaid, ac mae'r rhain ar gael ar-lein neu drwy gysylltu â cystadlu@eisteddfod.cymru

17. Beirniadaethau

(i) Rhaid i feirniaid ebostio eu beirniadaethau at y Trefnydd erbyn 15 Mai, ynghyd â dychwelyd y cyfansoddiadau. Dylai pob beirniadaeth fod yn y Gymraeg os nad oes caniatâd arbennig wedi'i roi gan y Trefnydd.

(ii) Rhaid i'r beirniaid ym mhob cystadleuaeth baratoi beirniadaeth ar berfformiad pob cystadleuydd a'i ebostio at cystadlu@eisteddfod.cymru yn syth ar ôl y prawf terfynol.

(iii) Gwobrwyir enillydd ar sail barn mwyafrif y beirniaid. Mewn achosion arbennig bydd gan y Trefnydd a'r Pwyllgor Apeliadau yr hawl i benodi canolwr.

(iv) Os nad oes teilyngdod, bydd gan y beirniaid yr hawl i atal y wobr neu ran ohoni.

18. Talu Gwobrau

Telir y gwobrau ariannol yn Swyddfa'r Eisteddfod yng nghefn y Pafiliwn ymhen awr ar ôl y dyfarniad.

19. Dal Tlysau

Bydd y mwyafrif o'r tlysau, cwpanau a thariannau'n cael eu dal am flwyddyn yn unig, a dylid cysylltu gyda cystadlu@eisteddfod.cymru i gytuno ar leoliad i'w dychwelyd erbyn 1 Gorffennaf.

20. Ysgoloriaethau

Ni ellir ennill unrhyw ysgoloriaeth fwy nag unwaith, ond gellir cystadlu eto i ennill y gwobrau. Mae'r arian a gynigir ym mhob ysgoloriaeth i'w ddefnyddio i hyrwyddo gyrfa'r unigolyn, a disgwylir i enillwyr brofi i'r Eisteddfod bod yr arian yn cael ei wario ar hyn. Dylid cysylltu â cystadlu@eisteddfod.cymru am ragor o wybodaeth.

***Gweler rheol rhif 12 – Hawl i Gystadlu.

21. Grantiau Teithio

Gellir gwneud cais am gyfraniad tuag at grantiau teithio mewn rhai achosion. Dylid cysylltu â cystadlu@eisteddfod.cymru am fanylion.

22. Amseru

Ni fydd yr Eisteddfod yn diarddel cystadleuwyr sy'n mynd dros amser mewn cystadlaethau lle nodir amser penodol. Fe'u cosbir drwy dynnu marciau fel a ganlyn:

- hyd at 30 eiliad   dim cosb
- 30 eiliad – 1 munud   1 marc
- 1 munud – 2 funud   2 farc
- 2 funud – 3 munud   4 marc
- dros 3 munud   8 marc

23. Polisi Diogelu

Cyhoeddir Polisi Diogelu yr Eisteddfod yn y Rhestr Testunau ac ar-lein. Drwy gwblhau a llofnodi'r ffurflen gais, mae rhieni / gwarchodwyr / gofalwyr ac athrawon ymgeiswyr o dan 18 oed (neu oedolion bregus o unrhyw oed) yn cadarnhau eu bod yn rhoi (neu wedi derbyn) y caniatâd angenrheidiol ar gyfer y cystadleuwyr i gymryd rhan yn yr Eisteddfod. Heb ganiatâd, ni all yr Eisteddfod dderbyn ceisiadau i gystadlu.

YR EISTEDDFOD GENEDLAETHOL

Bwrdd Rheoli ac Ymddiriedolwyr yr Eisteddfod Genedlaethol

Ashok Ahir (Llywydd y Llys a Chadeirydd y Bwrdd), Heledd Bebb, Rhian Huws Williams, Christine James (Cynrychiolydd yr Orsedd), Elin Haf Gruffydd Jones, Elin Jones (Cynrychiolydd Eisteddfod 2022), Gwerfyl Pierce Jones, Heulwen Jones (Is-gadeirydd y Cyngor), Trystan Lewis, Deian Rhys, Michael Strain (Cynrychiolydd Eisteddfod 2023), Gethin Thomas (Cadeirydd y Cyngor), Aled Walters, Gwenno Williams (Trysorydd yr Eisteddfod)

Ysgrifennydd y Llys a'r Cyngor: Llŷr Roberts

Dirprwy Ysgrifennydd: Gwawr Taylor

Cyngor yr Eisteddfod Genedlaethol

Cymrodyr
R Alun Evans
Geraint Jones
John Gwilym Jones
Garry Nicholas
D Hugh Thomas

SWYDDOGION Y LLYS
Llywydd y Llys: Ashok Ahir

IS-LYWYDDION
Myrddin ap Dafydd (Archdderwydd)
Elin Jones (Cynrychiolydd Eisteddfod 2022)
Michael Strain (Cynrychiolydd Eisteddfod 2023)

Cadeirydd y Cyngor: Gethin Thomas
Is-gadeirydd y Cyngor: Heulwen Jones
Ysgrifennydd y Cyngor: Llŷr Roberts
Trysorydd: Gwenno Williams
Cofiadur yr Orsedd: Christine James
Cyfreithwyr Mygedol:
Phillip George, Emyr Lewis, Aled Walters
Prif Weithredwr: Betsan Moses
Trefnydd a Phennaeth Artistig: Elen Elis
Pennaeth Cyllid: Peter Davies
Pennaeth Cyfathrebu: Gwenllïan Carr
Dirprwy Bennaeth Artistig: Sioned Edwards
Swyddog Cyllid: Oriel Hughes
Swyddog Prosiect (Eisteddfod 2024): Katie Hall
Swyddog Marchnata: Elan Evans
Swyddogion Gweinyddol:
Rhiannon Gwyn, Twm Herd, Imogen Young
Staff Technegol:
Tony Thomas, Geraint Jones, Mark Jones, Nicky Williams
Gwyddoniaeth a Thechnoleg:
Tanya Jones, Emily Roberts, Canolfan M-SParc
Celfyddydau Gweledol:
Morgan Griffith, Rebecca Hardy-Griffith, Menna Thomas

Llywyddion Anrhydeddus 2023
Gwilym Griffiths
Ken Hughes
Carys Jones
Esyllt Maelor
Rhian Parry

Llywydd yr Ŵyl
Liz Saville Roberts

Adran	Cadeirydd	Ysgrifennydd
Pwyllgor Gwaith	Michael Strain **Is Gadeirydd:** Guto Dafydd	Mai Bere
Celfyddydau Gweledol	Elin Huws	Sian Alun Sioned Medi
Cerddoriaeth	Pat Jones	Rhys Glyn Meredydd
Cerdd Dant	Einir Wyn Jones	Elain Wyn Jones
Dawns	Tudur Phillips	Lowri Jones
Gwerin	Gwenan Gibbard	Marian Evans
Gwyddoniaeth a Thechnoleg	Bryn Hughes Parry	Sharon Roberts
Maes D	Martyn Croydon	Craig ab Iago
Llefaru	Siân Teifi	Mari-Ann Evans
Llenyddiaeth	Esyllt Maelor	Bethan Hughes
Theatr	Delyth Wyn Jones	Gweno Glyn Williams

EISTEDDFOD GENEDLAETHOL LLŶN AC EIFIONYDD
FFURFLEN GAIS
GWOBR GOFFA DANIEL OWEN | Y FEDAL RYDDIAITH

Gwobr Goffa Daniel Owen:
1 Hydref 2022
Y Fedal Ryddiaith:
1 Rhagfyr 2022

** Defnyddiwch y ffurflen hon ar gyfer y cystadlaethau yma'n unig.
Dylid cyflwyno pob cais cyfansoddi arall drwy'r porth cystadlu ar-lein

Teitl y Gystadleuaeth:

Rhif y Gystadleuaeth:

Yr wyf fi, sef awdur y gwaith a gyflwynir dan y ffugenw uchod, yn tystio bod fy enw a'm cyfeiriad ar yr amlen dan sêl yn ddilys. Rwyf hefyd yn tystio bod yr holl waith a gyflwynir yn waith gwreiddiol o'm heiddo fy hun yn unig, a heb ei wobrwyo o'r blaen yn yr Eisteddfod Genedlaethol, na'i gyhoeddi yn rhannol nac yn gyfan mewn unrhyw ddull. Ni fyddaf yn cyflwyno'r gwaith i gyhoeddwr hyd nes y bydd y feirniadaeth wedi'i chyhoeddi.

Yr wyf hefyd, trwy hyn, fel perchennog yr hawlfraint ynddo, yn rhoi'r hawl i'r Eisteddfod gyhoeddi'r gwaith am y tro cyntaf yn ystod wythnos yr Eisteddfod, neu o fewn tri mis i ddiwrnod olaf yr Eisteddfod, heb imi dderbyn unrhyw freindal neu daliad arall, a heb ymgynghori â mi. Ymhellach yr wyf yn cydnabod hawliau'r Eisteddfod Genedlaethol yn y gwaith yn y dyfodol yn unol ag Amodau a Rheolau Cyffredinol yr Eisteddfod ac yn benodol Rheol rhif 4.

Ymrwymaf i gydymffurfio â'r Amodau Arbennig a'r Rheolau ac Amodau Cyffredinol, ac i gadarnhau fy mod wedi talu'r ffi gofrestredig.

Ffugenw: **Tâl Cofrestru:**

Sieciau, wedi eu croesi, yn daladwy i Eisteddfod Genedlaethol Llŷn ac Eifionydd
Manylion Tâl Cofrestru: £5 yr ymgais i'w anfon gyda'r ffurflen.

Nodiadau Cofrestru:
Cynhelir pob cystadleuaeth yn unol â'r Amodau Arbennig a'r Rheolau ac Amodau Cyffredinol.

CYFLWYNO CYFANSODDIADAU

Nifer y Copïau
Rhaid i bob ymgeisydd anfon 3 chopi caled o'i g/waith at y Trefnydd ynghyd â CD neu go' bach o'r gwaith cyflwynedig.

Rhaid nodi rhif a theitl y gystadleuaeth a ffugenw'r cystadleuydd ar bob cyfansoddiad.

Rhaid i bob cystadleuydd anfon amlen dan sêl sy'n cynnwys y manylion canlynol y tu mewn:

*   Rhif a theitl y gystadleuaeth
*   Ffugenw'r cystadleuydd
*   Enw llawn
*   Rhif ffôn
*   Cyfeiriad a chyfeiriad ebost y cystadleuydd
*   Enw cyhoeddwr (os yn berthnasol)

Ni ddylid cynnwys dim arall yn yr amlen.

Rhaid cynnwys yr wybodaeth ganlynol ar glawr yr amlen:

*   Rhif a theitl y gystadleuaeth
*   Ffugenw'r cystadleuydd

Iaith
Dylai unrhyw ddefnydd o iaith ar wahân i'r Gymraeg fod yn brin iawn.

Ni dderbynnir gwaith sy'n cynnwys unrhyw ddeunydd neu gyfeiriad enllibus.

Dychwelwch y Ffurflen/ni Cofrestru at:
Y Trefnydd, Swyddfa'r Eisteddfod, 40 Parc Tŷ Glas, Llanisien, Caerdydd CF14 5DU

Os oes gennych unrhyw gwestiwn, cysylltwch â
cystadlu@eisteddfod.cymru

EISTEDDFOD

YBABELL LÊN

ALLANFA

PENTREF DRAM

CAFFI MAES

SINEMAES

PENTREF BWYD

GWYDDONIAETH

YLLE CELF

Dewch i fod yn rhan o'n tîm!

Mwynhau sgwrsio a siarad gydag ymwelwyr? Wrth eich bodd yn helpu pobl? Oes gennych chi ambell awr i'w sbario yn ystod wythnos yr Eisteddfod? Dewch i wirfoddoli gyda ni!

Rydyn ni'n chwilio am bobl sy'n gyfeillgar a chroesawgar i fod yn rhan o'r tîm sy'n gwirfoddoli ar y Maes yn Eisteddfod Genedlaethol Llŷn ac Eifionydd

DIDDORDEB?
Cysylltwch! Anfonwch e-bost at **gwyb@eisteddfod.cymru** neu cofrestrwch yn ein porth gwirfoddoli o ddechrau 2023

#steddfod2023
www.eisteddfod.cymru
0845 4090 900